史蒂文森

孫偉平 著

世界哲學家叢書

1998

東大圖書公司印行

國家圖書館出版品預行編目資料

史蒂文森／孫偉平著.--初版.--臺北
市：東大，民87
　　面；　公分.--(世界哲學家叢書)
參考書目：面
含索引
ISBN 957-19-2179-3 (精裝)
ISBN 957-19-2180-7 (平裝)

1.史蒂文森 (Stevenson Charles
Lesie)-學術思想-倫理學

190　　　　　　　　　　　86014687

網際網路位址　http://sanmin.com.tw

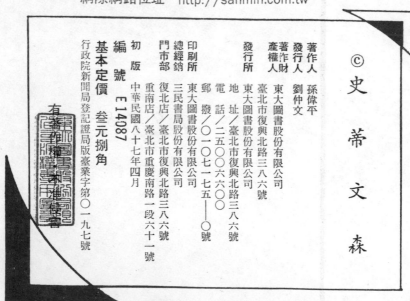

© 史蒂文森

著　作　人　孫偉平
發　行　人　劉仲文
產權財
著作財　東大圖書股份有限公司
發　行　所　東大圖書股份有限公司
　　　　　　地址／臺北市復興北路三八六號
　　　　　　電話／二五○○六六○○
　　　　　　郵撥／○一○七一七五──○號
印　刷　所　東大圖書股份有限公司
總　經　銷　三民書局股份有限公司
門　市　部　復北店／臺北市復興北路三八六號
　　　　　　重南店／臺北市重慶南路一段六十一號
初　版　中華民國八十七年四月
編　號　E 14087
基本定價　叁元捌角
行政院新聞局登記證局版臺業字第○一九七號

有著作權．不准侵害

ISBN 957-19-2180-7 (平裝)

「世界哲學家叢書」總序

　　本叢書的出版計畫原先出於三民書局董事長劉振強先生多年來的構想，曾先向政通提出，並希望我們兩人共同負責主編工作。一九八四年二月底，偉勳應邀訪問香港中文大學哲學系，三月中旬順道來臺，即與政通拜訪劉先生，在三民書局二樓辦公室商談有關叢書出版的初步計畫。我們十分贊同劉先生的構想，認為此套叢書（預計百冊以上）如能順利完成，當是學術文化出版事業的一大創舉與突破，也就當場答應劉先生的誠懇邀請，共同擔任叢書主編。兩人私下也為叢書的計畫討論多次，擬定了「撰稿細則」，以求各書可循的統一規格，尤其在內容上特別要求各書必須包括（1）原哲學思想家的生平；（2）時代背景與社會環境；（3）思想傳承與改造；（4）思想特徵及其獨創性；（5）歷史地位；（6）對後世的影響（包括歷代對他的評價），以及（7）思想的現代意義。

　　作為叢書主編，我們都了解到，以目前極有限的財源、人力與時間，要去完成多達三、四百冊的大規模而齊全的叢書，根本是不可能的事。光就人力一點來說，少數教授學者由於個人的某些困難（如筆債太多之類），不克參加；因此我們曾對較有餘力的簽約作者，暗示過繼續邀請他們多撰一兩本書的可能性。遺憾的是，此刻在政治上整個中國仍然處於「一分為二」的艱苦狀態，加上馬列教

條的種種限制，我們不可能邀請大陸學者參與撰寫工作。不過到目前為止，我們已經獲得八十位以上海內外的學者精英全力支持，包括臺灣、香港、新加坡、澳洲、美國、西德與加拿大七個地區；難得的是，更包括了日本與大韓民國好多位名流學者加入叢書作者的陣容，增加不少叢書的國際光彩。韓國的國際退溪學會也在定期月刊《退溪學界消息》鄭重推薦叢書兩次，我們藉此機會表示謝意。

原則上，本叢書應該包括古今中外所有著名的哲學思想家，但是除了財源問題之外也有人才不足的實際困難。就西方哲學來說，一大半作者的專長與興趣都集中在現代哲學部門，反映著我們在近代哲學的專門人才不太充足。再就東方哲學而言，印度哲學部門很難找到適當的專家與作者；至於貫穿整個亞洲思想文化的佛教部門，在中、韓兩國的佛教思想家方面雖有十位左右的作者參加，日本佛教與印度佛教方面卻仍近乎空白。人才與作者最多的是在儒家思想家這個部門，包括中、韓、日三國的儒學發展在內，最能令人滿意。總之，我們尋找叢書作者所遭遇到的這些困難，對於我們有一學術研究的重要啟示（或不如說是警號）：我們在印度思想、日本佛教以及西方哲學方面至今仍無高度的研究成果，我們必須早日設法彌補這些方面的人才缺失，以便提高我們的學術水平。相比之下，鄰邦日本一百多年來已造就了東西方哲學幾乎每一部門的專家學者，足資借鏡，有待我們迎頭趕上。

以儒、道、佛三家為主的中國哲學，可以說是傳統中國思想與文化的本有根基，有待我們經過一番批判的繼承與創造的發展，重新提高它在世界哲學應有的地位。為了解決此一時代課題，我們實有必要重新比較中國哲學與（包括西方與日、韓、印等東方國家在內的）外國哲學的優劣長短，從中設法開闢一條合乎未來中國所需

求的哲學理路。我們衷心盼望，本叢書將有助於讀者對此時代課題的深切關注與反思，且有助於中外哲學之間更進一步的交流與會通。

　　最後，我們應該強調，中國目前雖仍處於「一分為二」的政治局面，但是海峽兩岸的每一知識分子都應具有「文化中國」的共識共認，為了祖國傳統思想與文化的繼往開來承擔一分責任，這也是我們主編「世界哲學家叢書」的一大旨趣。

傅偉勳　韋政通

一九八六年五月四日

自 序

　　如果說史蒂文森從文學轉向後設倫理學、情緒主義倫理學研究，是有其原因的話，那麼，我對史蒂文森的思想感興趣，也似乎有著某種「必然性」。

　　我在北京師範大學哲學系攻讀碩士學位時，專業方向是「形式邏輯研究」。由於專業的緣故，我對分析哲學、語言哲學產生了濃厚的興趣。那些分析大師們獨特的視角、敏銳的目光、明晰的思路，給我留下了深刻的印象。儘管我們不欣賞分析家們繁瑣、冗長的論證風格，也不滿足於「只看病，不開藥方」的研究方式，但我們似乎太急於、也太易於作出結論了，論證過程常常也太簡單了些。因此，我想，曾經深深影響了西方世界的分析方法，對於我們或許也是一劑良藥。

　　後來，我在中國人民大學哲學系師從李德順教授（現為中國社會科學院哲學所研究員）攻讀博士學位時，專業方向是「價值論研究」。這對我是一次重要的轉變。也使我本來就有興趣的價值論、倫理學研究成了我「名正言順」的專業工作。大約是由於過去研究的影響，這時我把目光自然而然投向了價值論基礎研究、或者說後設倫理學研究。這就不能不與史蒂文森相遇，也不能不向史蒂文森請教了。當時，我在準備博士論文《事實與價值——休謨問題及其解決嘗試》時，就研讀了史蒂文森的名著《倫理學與語言》，以及他

的一些代表性論文（這些論文主要集中在他後來的論文集《事實與價值》中）。 在這個時候，我對作為後設倫理學家、情緒主義倫理學家的史蒂文森產生了強烈的興趣，也萌生了進一步系統研究史蒂文森思想的念頭。

今天，這個願望終於實現了。這首先得感謝過早地離開了我們的傅偉勳教授。當傅偉勳教授知道了我的學術背景，以及我的研究興趣後，慨然允諾我加入「世界哲學家叢書」編寫者行列。這對我是一個難得的機遇，它使我有可能、也必須抽出一段專門的時間，來靜心與史蒂文森對話，也向史蒂文森求教。

史蒂文森的情緒主義倫理學思想是比較「純正」的，主要集中在運用後設倫理學的分析方法，探討倫理分歧的性質、對道德語言的意義與功能進行分析，以及考察倫理學研究方法等；至於人們熟悉的規範倫理學問題，如應該堅持什麼道德原則、怎樣的行為是正當的、應該委身於哪一種生活等，儘管是其所聲稱的「研究的基礎」，但他並不涉足。也正是由於他的這種遠離現實的「純正」分析，加上他的研究涉及到許多學科（如語義學、修辭學、符號學、心理學、邏輯學、社會學等）， 且用詞怪僻、考究，論證瑣細、冗長，從而使其思想十分難於把握——這大約也是其思想受到了不少誤解的原因。本書在研討、寫作過程中，力求全面、準確地把握史蒂文森的思想，並予以客觀、公正地評價，但由於學力不逮，肯定存在不少疏漏、不足與錯誤，這還得請各位專家不吝指正、賜教。

本書在寫作過程中，參考、引用了一些研究史蒂文森思想的中英文文獻，一一列示如後。在此，謹向其作者與出版機構表示衷心的感謝。此外，對於這些年來一直關懷著我的學術研究、並給予了諸多指教與幫助的李德順研究員、陳波博士，對於精心、負責地審

定本書，並提出中肯修改意見的黃慶明副教授，對於為拙著之寫作與出版給予諸多指導、付出辛勤勞動的叢書主編傅偉勳教授、韋政通教授、東大圖書公司編輯同仁等，一併致以深深的謝意。

最後，謹以此書紀念一生辛勤耕耘、著述與創見頗多的已故著名哲學家傅偉勳教授。

孫偉平

1998年3月1日於北京

史蒂文森

目 次

第三章　道德語言的意義和功能

第四章　倫理學分析方法

第一章　生平與著作

C. L. 史蒂文森(Charles Lesie Stevenson, 1908~1978)是美國最著名的後設倫理學(metaethics)家、情緒主義(emotivism)倫理學家。在情緒主義理論發展史上，他是與歐洲的艾耶爾(A. J. Ayer, 1910~1989)齊名、並遙相呼應的重要代表人物。他對早期極端情緒主義理論進行了修正，創立了一種溫和的情緒主義倫理學理論，並使情緒主義倫理學系統化、理論化，獲得了他那個時代最為充分的發展。他的代表作——《倫理學與語言》，曾被譽為情緒主義倫理學領域的「聖經」，後設倫理學領域白摩爾(G. E. Moore, 1873~1958)的《倫理學原理》之後最重要的著作。

1.1　早年求學生涯

1908年6月27日，C. L. 史蒂文森出生於美國俄亥俄州的辛辛那提。在那裡，史蒂文森度過了快樂的童年和少年時代。

1926年，18歲的史蒂文森進入美國著名的耶魯大學，成了一名大學生，專業方向是英國文學。在大學期間，史蒂文森形成了對文學、音樂、美學等的強烈興趣，這些興趣一直伴隨他的一生，成為他生活中的重要組成部分。後來，史蒂文森的這種興趣對於他的哲

學、倫理學產生了巨大影響，凡是了解他的情緒主義理論的人，大約都會承認這一點。

1930年，史蒂文森以優異成績從耶魯大學畢業，獲得了文學學士學位。之後，史蒂文森與埃倫·迪斯特勒(Ellen Distler)結了婚。婚後他們生活得十分美滿，並生有三個孩子。他及他的一家非常熱中於參加音樂團體的活動，並常常在非正式的音樂會上作精彩表演。鋼琴和大提琴構成了他的日常生活的一個基本元素。A. I. 戈德曼(A. I. Goldman) 後來回憶說，有一天下午，當他和他夫人順便拜訪史蒂文森夫婦時，發現史蒂文森夫婦的兩臺大鋼琴的部件有條有理地放了一地，史蒂文森正在調試琴弦、修理鋼琴。

1930年，剛剛大學畢業的史蒂文森，又和夫人埃倫·迪斯特勒跨越大西洋，遠赴英國劍橋大學深造。本來，史蒂文森來到英國是希望繼續他的英國文學學習與研究的。可是事情發生了有趣的變化。——這一變化對於史蒂文森當然是非常深遠的。——這個時候，劍橋大學雲集了許多很有造詣、開一代風氣的著名學者。著名哲學家、直覺主義倫理學家、公認的後設倫理學的創立者 G. E. 摩爾 (G. E. Moore, 1873~1958)、著名哲學家、語言哲學的奠基人 L. 維特根斯坦 (L. Wittgenstein, 1889~1951) 都正在劍橋大學任教，他們和他們的思想在劍橋大學、在英國、乃至在整個歐洲都十分引人注目。由於受到摩爾和維特根斯坦這兩位思想大師的吸引，特別是他們所開創的在當時極具影響力、甚至已經占據了大學講壇的後設倫理學、語言分析哲學等的影響，年輕的史蒂文森開始對後設倫理學、語言分析哲學產生了濃厚的興趣，從此成為摩爾和維特根斯坦的學生，毅然轉向後設倫理學、語言分析哲學、特別是這兩方面相結合的情緒主義倫理學的學習與研究。

其實，史蒂文森的這種學術興趣的轉變並不難理解。首先，他所感興趣的語言文學研究必須在一定的哲學方法指導下才能進行，而摩爾和維特根斯坦恰恰提供了這樣一種方法，而且維特根斯坦允諾，如果使用這種方法，將會使各門科學面目一新。這種新的遠景，不可避免地要對史蒂文森產生巨大的感染力和吸引力，促其投身於語言哲學研究。其次，這個時候，那位「思想龐雜而聲名赫赫的19世紀的德國教授」——黑格爾 (G. W. F. Hegel, 1770~1831) 的思辨哲學已引起了越來越多的人的不滿與反感，最為顯赫、激進與有力的反黑格爾哲學運動——由摩爾、邏輯實證主義者（他們中大都是情緒主義者）所發起的分析哲學運動出現了。在1923年，莫里茨・石里克 (Morltz Schlick, 1882~1936) 領導創建了「維也納小組」，並逐漸發展成為名之為「邏輯實證主義」的世界性學術團體。這一學術團體的學術造詣和世界影響是人所共知的。而此後不久，對該小組成員有重大影響的維特根斯坦即移居英國劍橋大學任教，維特根斯坦經常和摩爾進行學術交流，在摩爾的影響下，他為英國的日常語言哲學奠定了理論基礎。史蒂文森在英國學習期間，正是這種哲學聲勢日盛的年代。再次，特別是，從20世紀初起，摩爾的《倫理學原理》對整個英國倫理學、乃至整個歐美倫理學產生了巨大影響。在這部「標誌著20世紀倫理學革命的開端」的著作中，倫理學直覺主義者 G. E. 摩爾對從前的一切有影響的規範倫理學思想和流派進行了駁難，提出了「善是不可定義的」、以及關於「自然主義謬誤」的思想；同時，摩爾以其對「善」的語言與邏輯分析，開創了分析倫理學或者說後設倫理學之先河。自此，傳統的自然主義倫理學與形而上學倫理學日趨式微，西方倫理學逐漸轉向對道德語言進行邏輯的或語言學的分析，也即出現了後設倫理學占主導地位的傾向。

在倫理學的這次重大轉折中，整個30年代，後設倫理學幾乎獨占了大學的倫理學講壇。正如同史蒂文森所承認的，凡是強調倫理學情緒意義的人，當然包括史蒂文森自己，「都曾經受過摩爾的極大影響。」❶他在這種哲學氛圍的薰陶下，表現出對語言分析哲學、後設倫理學的強烈興趣，自然是可以理解的。

作為摩爾的學生，史蒂文森實際上也是摩爾思想的繼承與發揚者。摩爾首先確認，「善」是倫理學中最基本的概念，倫理學的首要任務是探討「善是什麼」。摩爾認為，「善」之類基本概念是單純的、終極的、不可直觀感覺的、不可試驗的、也不可分析的性質，它是不能定義的；當人們用自然主義術語來給「善」下定義時，都將犯「自然主義謬誤」。——所謂「自然主義謬誤」，就是在本質上混淆善與善的事物，並以分析性的自然性事實或超自然的實在來規定、定義善的各種倫理觀點。摩爾的「善不可定義」、「自然主義謬誤」等思想，連同他的分析方法（特別是對「善」這一概念的精深分析），對史蒂文森產生了重要影響。徹底沿著摩爾的後設倫理學「分析」思路深入下去，史蒂文森也並不特別關注具體的道德問題。他對摩爾譴責某些規範倫理學把其奉行的倫理判斷、準則強加於人，是十分贊同的。循著摩爾開創的後設倫理學傳統，受摩爾注重對分析「善」這一倫理學基本概念的影響，史蒂文森也特別注重對「善」這一概念的分析，他把倫理學的中心問題轉變為：「什麼是善的?」之類道德判斷的意義如何? 試圖借助於倫理分析，特別是道德語言分析手段，弄清「善」、「正當」、「公正」、「應該」之類道德概念、「什麼是善的?」「A比B更好」之類道德判斷的「真實」涵義，從而

---

❶ C. L. Stevenson: *Ethics and Language*, Yale University Press, 1944, p. 272.

為具體的規範倫理學提供必要的工具和方法。

　　不過，總的來看，摩爾之於史蒂文森的影響，是一種研究旨趣上的，一種思維指向、思維方法上的，一種研究風格上的，而關於摩爾倫理學的許多具體觀點和結論，史蒂文森並不認同，有時他們之間的分歧或對立還是十分明顯的，這可以從許多方面表現出來。例如，史蒂文森並不認為，「善」之類倫理術語不可定義，凡是摩爾認為犯了「自然主義謬誤」的地方，他都認為那不過是一個常見的勸導性定義。——後來，由於史蒂文森在後設倫理學方面的傑出成就，人們常常將他與摩爾相提並論，他後來的《倫理學與語言》一書，被讚譽為自摩爾的《倫理學原理》之後最重要的後設倫理學著作；他自己也被公認為自摩爾以後最重要的後設倫理學家。

　　同時，在劍橋大學，史蒂文森還選修了維特根斯坦主講的大部分課程，並參加了由維特根斯坦主持的討論課。從此，史蒂文森和維特根斯坦建立了非同尋常的師生關係，並和維特根斯坦建立了良好的師生之誼。

　　雖然史蒂文森明確地講過，維特根斯坦對自己的影響是哲學方法上而非具體結論上的，他的倫理學實際上只是以極一般的方式受到這種影響；維特根斯坦除了對價值、意義作過相應的哲學論述外，並沒有出版過專門的倫理學論著；而史蒂文森選擇倫理學方面的課題來撰寫自己的博士論文，恰恰是出於這種考慮。但是，平心而論，維特根斯坦的影響顯然比史蒂文森所承認的要大。眾所周知，維特根斯坦的哲學經歷過從《邏輯哲學論》到《哲學研究》的轉變，由此曾引起整個英美的哲學研究重心從人工語言轉向日常語言，並導致日常語言學派的形成。儘管《哲學研究》於1935年才開始撰寫，但其中所包含的思想早已經形成，並很有可能在講課之中流露出不

少。在《邏輯哲學論》階段，維特根斯坦認為語言的意義在於它的所指和邏輯結構——前者是它與外界的關係，後者是它自身內部的邏輯關係——凡不具有這兩種關係的如詞語反覆、自相矛盾和傳統的哲學命題，既無意義也無所謂真假。維特根斯坦說：「關於哲學問題的大多數命題和問題不是虛偽的，而是無意思的。因此我們根本不能回答這一類的問題，我們只能確定它們的荒謬無稽。」❷《哲學研究》同樣以語言為主題，但否定了意義僅在語言指謂的結論。人類文明不僅有科學，而且有道德、藝術等，日常語言除了陳述句外，還有命令句、感嘆句，因此有兩種不同功能的語言，一種是對對象的描述，為了喚起某種意象，另一種是以描述對象為手段，目的是喚起一種行為，其本質是「非描述性的」。在評價史蒂文森的情緒主義理論時，我們將清楚地看到，這正是其賴以建立理論大廈的基石。

1933年，經過三年的學習，史蒂文森獲得了劍橋大學的文學學士學位。然後，史蒂文森攜夫人回國，隨即進入麻薩諸塞州哈佛大學哲學系攻讀博士學位。兩年後，也即1935年，史蒂文森通過了哈佛大學的博士論文答辯，獲得了哈佛大學的哲學博士學位。

1.2　創作鼎盛時期

1935年，史蒂文森從哈佛大學畢業，獲得哲學博士學位後，隨即留校任教，並於1937年升任講師。

---

❷　維特根斯坦：《邏輯哲學論》，商務印書館1985年版，第38頁。Ludwig Wittgenstein: *Tractatus Logico-philosophicus*, Routledge & Kegan Paul Ltd., London, 1922, 4.003.

　　身處哈佛大學的良好學術環境中，年輕的史蒂文森旺盛的創造力充分地爆發出來。1935~1939 年，史蒂文森在哈佛大學任教的四年，既是其創造力最旺盛的四年，也是其最有成就的一段時光。

　　在這期間，史蒂文森整理了他多年學習、思考的結果，陸續在著名的《心靈》(Mind)雜誌上發表了三篇重要論文：〈倫理術語的情緒意義〉(1937年)，〈倫理判斷和可避免性〉(1938年)和〈勸導性定義〉(1938年)。這三篇論文發表後，在哲學界、倫理學界引起了強烈反響，讚揚與批評意見紛至沓來。對於史蒂文森來說，這三篇文章奠定了他在學術界、特別是在倫理學界的地位，他的溫和的情緒主義倫理學體系的核心思想、基本結構，也就是在這三篇論文的基礎上擴展而成的。

　　1937年，在世界哲學核心刊物《心靈》雜誌第46期上，史蒂文森發表了他的處女作：〈倫理術語的情緒意義〉。無論是對於史蒂文森本人，還是對於情緒主義倫理學理論，這都是一篇極其重要的、並產生了巨大影響的論文。

　　在這篇論文中，史蒂文森開宗明義，首先表明了其思維指向、其思想側重點——實際上，這也是他一生學術活動的旨趣和主要研究方向：

　　　　倫理學問題首先是以「如此這般是善的嗎?」或者「這一個比那一個更好嗎?」之類形式出現的。這些問題之所以是困難的，部分原因是因為，我們並不知道到底我們在探尋什麼。這就像當我們大海撈針的時候，我們甚至不知道針是什麼。因此，我們首先要做的，就是考察問題本身。或者通過對表達問題的術語加以定義，或者通過其他有效的方法，我們必

須試圖使問題變得清晰一些。❸

　　在這篇論文中，遵循摩爾在《倫理學原理》中所開創的後設倫理學研究方法，特別是繼承摩爾關於「善」的語言分析思路，他首先對「什麼是善的?」進行了分析與考察。對於這一問題，「善」是一個必須加以定義的概念，以使之不至於那麼模糊、那麼混亂。他認為，要對「善」給出一個令人滿意的定義，必須滿足如下條件：首先，無論怎麼分析，人們必須能在某個事物是否「善」的問題上持不同意見；其次，「善」必須具有某種吸引力，也就是說，如果某人認識到某個事物是「善」的，那他必須至少趨向於做一個有利於它的行動；再次，任何事物之「善」，不一定是僅僅能運用科學方法加以證實的。史蒂文森宣稱，「善」有某個滿足以上三個要求的意義，這就是借助「情緒的」一詞加以分析的那個意義。

　　史蒂文森把這種理論概括為一種「態度理論」，即與霍布斯(T. Hobbes, 1588~1679)、休謨 (D. Hume, 1711~1776) 以及培里 (R. B. Perry, 1876~1957)等人的思想有關的一種理論。這種理論顯然受到了美國哲學家R. B.培里及其《一般價值理論》所創立的「興趣理論」的影響。──培里使用「興趣」這個語詞，表達喜歡或不喜歡、讚賞或憎恨等等態度。培里認為，興趣就是這樣一組詞，它標明如「喜歡」或「不喜歡」、「欲望」或「迴避」、「滿意」或「不滿意」、「愛」或「恨」這樣一些肯定態度或否定態度。如果大多數人對某物持肯定態度，那麼此物便是「善」的，由這種態度所生發出來的具體判斷就是肯定的倫理或價值判斷；如果大多數人對某物持否定態度，

---

❸　C. L. Stevenson: "The Emotive Meaning of Ethical Terms", *Mind* 46, 1937.

那麼此物就是「惡」的，由這種態度所生發出來的具體判斷就是否定的倫理或價值判斷。史蒂文森常常借用培里的「興趣」一詞，來表達其理論。——但史蒂文森的理論與培里傳統的興趣理論不同的是，培里的興趣理論假定，倫理陳述是對存在著的興趣狀況的描述，也就是說，它們僅僅只是給出關於興趣的信息。而史蒂文森的情緒理論則認為，倫理陳述的「主要作用並不在於指稱事實，而在於造成一種影響。它們並不在於描述人們的興趣，而在於改變或者加強人們的興趣。」❹史蒂文森指出，正是傳統理論對倫理陳述之描述意義的強調，使得傳統理論都不能用來對「善」這個語詞進行分析。

那麼，一個倫理語句是如何獲得影響人們興趣、態度的力量的呢？在這裡，史蒂文森引人注目地區分了語言使用的兩種目的，即語言的描述用法和動態用法；根據語言使用者的不同目的，進一步區分了語言的描述意義和情緒意義。一個帶有情緒意義的詞，例如「善」，是不可能確切地給它下定義的；在任何對它的意義的分析中，儘管其情緒成分未被忽略，但往往也會被歪曲。例如，他指出，「這是善的」的意義多少與「我贊成它，你也贊成吧」的意義相同。但是，在後一語句中，命令的成分是明顯的，而在「這是善的」中，則是隱含的。也就是說，「這是善的」之情緒力量是含蓄的，而在上述假定的分析中，則是赤裸裸的。然而，史蒂文森並不由於最終找不到一個與「善」完全等當的語詞而感到煩惱。

可以說，「這是善的」乃是關於說者與聽者贊成的興趣的。並且，它具有一種令人愉快的情緒意義，這種意義使這些語詞

---

❹　C. L. Stevenson: "The Emotive Meaning of Ethical Terms", *Mind* 46, 1937.

適用於啟發人。這是對意義的一種粗略的描述，而不是定義。
但是，它起著定義通常所起的那種澄清作用；而這畢竟已經
足夠了。❺

對「善」的意義的這種說明，全部滿足了他上面提到過的那些
要求：⑴顯然人們可能有迥然不同的興趣，因而人們可能在某個事
物是否「善」這個問題上有分歧。⑵「善」應具有吸引力這個要求
也得到了滿足，因為這恰恰是其意義的情緒部分所在。⑶最後一個
要求顯然也得到了滿足，即在某個事物中「善」之存在與否，不可
能用純科學方法來加以確定。如果我通過告訴你某個事物是「善」
的，從而命令你喜歡它，那麼，我怎樣獲知它是「善」的這個問題
就不必發生了。此外，這種分析並未完全排除經驗調查，因為我可
以舉出發命令的理由，而作為理由舉出的東西是可以用經驗手段來
檢驗的。例如，如果我說「這本書是好的，因為它會使你發笑」，雖
然不可能證實我的陳述命令方面，但你卻能查明這本書是否真正地
令你發笑。

最後，像艾耶爾一樣，史蒂文森也力主道德哲學的功能在於分
析倫理術語的意義，正如他在這篇論文中所做的一樣。道德哲學所
面臨的抉擇是，或者告訴人們哪些事物是善的，但它無權這樣做；
或者告訴人們「善」意味著什麼，這是史蒂文森所已經做了的。

1938年，史蒂文森又在《心靈》雜誌上發表了兩篇文章：〈倫
理判斷和可避免性〉和〈勸導性定義〉。 這兩篇論文旨在表明情緒
理論的作用，即它應用於道德哲學的某些傳統問題。它們都極端重

---

❺ C. L. Stevenson: "The Emotive Meaning of Ethical Terms", *Mind* 46,
1937.

要，因為它們為該理論充實了更多的細節，進行了更為細緻的論證，並且極為明確地規定了道德哲學應當遵循的途徑，如果它要繼續經驗主義傳統的話。

在〈倫理判斷和可避免性〉中，史蒂文森考察了這樣的傳統假定：只有那些可避免的行為，才適合使用諸如「善的」或「惡的」這類倫理謂詞。他論證說，既然倫理謂詞主要旨在影響人們的行為，所以，如果將這些倫理術語應用於行為者時，行為者不可避免地要按他的方式去行動的話，那麼倫理謂詞的影響便是無效的。

不過，他謹慎地認為，雖然「善的」和「惡的」這類語詞的正規用法，是要鼓勵或制止人們像所判斷的那樣行動，但價值判斷或倫理判斷也還有其他從屬的用途。例如，某人可能以某種方式評價另一個人的行為，以致其他人對他有更高的評價，而不管他們對這行為者怎麼看。這無疑是符合事實的。無庸置疑，同任何別的語詞一樣，倫理語詞也可以有許多不同的用途。但是在這裡，在一定程度上，史蒂文森忽略了詞語的意義和它們對某種目的的應用之間的區別。

更為嚴重的是，史蒂文森未能成功地使人相信該文的中心論點，即因為倫理術語以一定的方式起作用，所以我們不能把它們應用於某些事物，例如不能應用於由某種原因決定的或者不可避免的行為。人們自然要反對這種本末倒置的觀點；如果有人提出，在一個行為的道德特性和它是行為者自由選擇這一事實之間，有著某種更為深刻的聯繫，那麼，史蒂文森不會有什麼論據可用來反對他。至少沒有人在這方面得到過任何暗示。如果確實倫理語詞的意義純粹是情緒的，它們根本沒有描述的功能，那麼，很可能這會有效地防止它們用於不可避免的行為。但是，即使事情真是這樣，情緒意

義有一部分大概也會是說話者感情的一種表達；而這一部分仍可能是由任何不論可以避免與否的事所引起的。例如，我畢竟可以表示討厭比如蟑螂、蒼蠅這種東西，我不認為還能對它抱另外的態度。為什麼我不應該也這樣對待人類行為呢？不過無論什麼樣場合，史蒂文森總是照例很謹慎地指出，任何理論術語都只有部分意義是表達情緒的，而如果事情真是這樣的話，那麼他並未說明，為什麼它們不能應用於不可避免的行為，以及為什麼它們不能至少部分地是可以理解的。

史蒂文森於1938年發表在《心靈》雜誌上的第三篇論文——〈勸導性定義〉，對情緒理論進行了有意義的擴充。史蒂文森認為，所謂勸導性定義，就是賦予一個人們熟悉的詞語以一種新的概念意義，而並不實質性地改變它的情緒意義，並且，它被人們用來達到自覺或不自覺的想改變人們態度的目的。用來構成這種定義中的詞語大多數都具有一種相對模糊的「概念的」意義，但卻具有極為豐富的情緒意義。在有些倫理學家看來，這一篇論文甚至比前兩篇更為重要，當然也就更為一些倫理學家所推崇。

1939年，史蒂文森離開哈佛大學，受聘於他大學時的母校——耶魯大學伯克利學院，作為助理教授從事教學與研究工作。他一直在那兒勤勤懇懇地工作了7年，直到主要是因為其哲學立場和觀點而被迫離開。

1942年，史蒂文森在希爾普(P. schilpp)編輯的《摩爾的哲學》一書中，發表了〈摩爾反對自然主義倫理學的某些形式的理由〉一文，對摩爾關於「正確」(right)、「錯誤」(wrong)的一些論證進行了討論，為後來他提出倫理判斷的兩種分析模式打下了基礎。

在耶魯大學伯克利學院任教期間，史蒂文森開始整理自劍橋以

來所形成的倫理學觀點，並逐步使之系統化。在前述所發表的數篇論文的基礎上，史蒂文森完成了他一生中最重要的一部倫理學著作：《倫理學與語言》。　不計後來出版的論文集《事實與價值》的話，這實際上也是史蒂文森唯一的一部專著。1944年，在美國學術聯合會理事會(American Council of Learned Societies)和路易斯・斯特恩紀念基金會(Louis Stern Memorial Fund)的資助下，該書由耶魯大學出版社出版。該書是一本專門論述情緒主義倫理學的著作，對於情緒主義倫理學的形成與發展具有重要的意義。

　　《倫理學與語言》是一部內容十分豐富，論證方法極富學究氣、甚至過於雕琢的後設倫理學、情緒主義倫理學著作。在這部情緒主義倫理學的經典著作中，史蒂文森不僅旁徵博引式地剖析、批判了倫理學領域流行的種種觀點——從規範倫理學（功利主義、幸福主義、快樂主義、實用主義……）到後設倫理學（摩爾的直覺主義，維特根斯坦、艾耶爾等人的早期情緒主義，……），從後設倫理學之認識主義（自然主義、直覺主義等）到非認識主義（情緒主義、規定主義），從柏拉圖（Plato，公元前427～前347）、亞里士多德（Aristoteles，公元前384～前322）、……到休謨、摩爾、維特根斯坦、羅素(B. A. W. Russell, 1872~1970)、艾耶爾、培里、杜威(J. Dewey, 1859~1952)……；而且融入了大量的專門知識——語義學、符號學、修辭學、心理學、邏輯學、社會學……，在此基礎上，提出了一系列的情緒主義倫理學的獨特原則和結論，構築了一個情緒主義倫理學的龐大體系。綜觀全書，其涉及專門知識之多，其內容之豐富精深，讓人嘆為觀止；但其行文學究氣之濃，討論之細緻嚴密，特別是用詞之考究怪僻，又讓即使是專業人士也難免望而卻步。

在《倫理學與語言》中，史蒂文森進行理論闡述時，遵循著兩個基本原則：一是著重從情緒意義上分析道德語言，即認為道德判斷與科學判斷之所以不同，就在於它具有科學判斷所不具有的情緒意義；二是倫理學分析必須深入到人們的道德情境中，研究諸如倫理爭論的性質、種類、意義、功能，從而間接地幫助人們達到道德觀點的一致。這也是情緒主義理論的兩大理論支點，它決定著情緒主義的理論命運和實踐功能。當然，作為一位後設倫理學家，史蒂文森儘管不同意「拒斥規範倫理學」的提法，而認為「規範問題構成了倫理學的最重要的分支，滲透於一切生活常識之中」，❻但這本書的研究，主要集中在關於倫理語言的意義和倫理學方法上，即「僅限於改善人們所使用的工具」❼，減少人們思維的浪費，而對於倫理學之其他部分，特別是傳統的規範倫理學研究，則幾乎沒有涉及。

《倫理學與語言》全書除序言外，共十五章。如果對全書從結構上作一劃分的話，那麼，第一至第三章可看作第一部分，主要闡述情緒主義倫理學的一些最基本的理論問題，如關於倫理分歧和一致的種類和性質，關於分析模式或工作模型的一些概括性說明，關於倫理語言的兩種意義理論，等等。第四至第十章是第二部分，解釋和論證了倫理分析的兩種基本模式，著重說明了倫理學的定義性質和方法。第十一至第十五章是第三部分，主要是應用以上之理論框架，去解決倫理學之其他相關問題。當然，如同所有分析倫理學著作一樣，史蒂文森的《倫理學與語言》也始終強調其任務不是制

---

❻ C. L. Stevenson: *Ethics and Language*, Yale University Press, 1944, p. 1.

❼ C. L. Stevenson: *Ethics and Language*, Yale University Press, 1944, p. 1.

定或論證具體的道德規範，不是勸說人們接受某種道德理想，而是
分析倫理學語言的意義和功能，特別是分析道德概念如「善」、「正
當」、「應該」的涵義，分析人們是以什麼方式運用這些概念來達到
自己的目的的，等等。他聲稱，這部著作是在規範倫理學中「進一
步探索的一個前言」。

　　引人注目的是，在《倫理學與語言》的扉頁上，史蒂文森安排
了兩段引文。一段引自英國語義學家 C. K. 奧格登 (C. K. Ogden,
1889~1957) 和 I. A. 理查茲 (I. A. Richards, 1893~1979) 於1923年出
版的《意義的意義》，一段引自美國著名的實用主義哲學家約翰·
杜威 (J. Dewey, 1859~1952) 的著作。史蒂文森這樣做的目的，大約
一方面是為公開聲明自己的理論來源，對先驅者們表示感謝與敬意；
另一方面，也是為書中的理論闡述提供一個參照物，說明其情緒理
論既受惠於這些思想先驅們，又是對他們的觀點的修正、批判與發
展。這裡特別要提到的是約翰·杜威。史蒂文森是情緒主義主要代
表人物中唯一土生土長的美國倫理學家。史蒂文森的時代，正是美
國實用主義處於顛峰時期之時，因此，史蒂文森的倫理學思想也受
到了實用主義，特別是著名實用主義者杜威的影響。史蒂文森本人
也曾多次表示，他的理論得益於杜威甚多。例如，史蒂文森的思想
與其他情緒主義倫理學家相比較，明顯地比較注意科學、理性、日
常經驗、道德問題情境等因素；從史蒂文森倫理學的具體內容來看，
他接受了實用主義者特別是杜威的一些基本觀點，從而在關於道德
的性質、解決倫理分歧的方法等問題上，與西歐、尤其是英國的分
析傳統有著明顯的區別。

　　在寫作《倫理學與語言》時，史蒂文森面臨的任務是十分艱巨
的。他既要明確作為後設倫理學的情緒主義倫理學相對規範倫理學

的優越性，把情緒主義倫理學從規範倫理學的束縛中解脫出來，又
要澄清情緒主義倫理學自身的混亂，修正某些極端而不切實際的觀
點，更要使之系統化、理論化，為情緒主義倫理學在學術界確立不
容置疑的地位。也正因為此，《倫理學與語言》花了大量的篇幅引
證各種理論觀點，然後對之加以分析、批判與修正，從而使本書具
有明顯的論戰性質。應該說，史蒂文森在上述各方面，都是做得十
分出色的。《倫理學與語言》出版後，引起了學術界的廣泛關注，
也為史蒂文森贏得了廣泛的讚譽，很多學者紛紛對此發表評論。

美國當代著名倫理學家L. 賓克萊(Luther J. Binkley,)指出：

> 如果說艾耶爾關於情緒理論的論述在非哲學領域最負盛名的
> 話，那麼，史蒂文森於1945年發表的《倫理學與語言》一書
> 則被認為是迄今為止最詳盡、最精確的情緒倫理學理論的代
> 表作。❽
> 毫無疑問，自從史蒂文森的《倫理學與語言》一書出版以來，
> 幾乎所有關於道德哲學的著作無不極大地受到它的影響。❾

西方一些人甚至認為，它是繼「摩爾的《倫理學原理》之後，
後設倫理學中最富於創造性的著作」，「是對倫理學的情緒理論的最

---

❽ L. 賓克萊：《二十世紀倫理學》，河北人民出版社1988年版，頁91。譯
文中「情感」改譯為「情緒」，參見 L. J. Binkley: *Contemporary Eth-
ical Theories*, Philosophical Library, Inc., New York, 1961, p. 82.

❾ L. 賓克萊：《二十世紀倫理學》，河北人民出版社1988年版，頁110。
L. J. Binkley: *Contemporary Ethical Theories*, Philosophical Library,
Inc., New York, p. 99.

徹底的最精確的系統闡述和研究」。

同時，也有不少哲學家對這本書提出了批評，如瑪麗・沃諾克 (G. J. Warnock, 1923~)認為，該書主要討論的是對倫理術語的「第一種分析模式」和「第二種分析模式」， 但關於第一種分析模式，除了揭示所表達的興趣或者感情外，很少或者根本沒有別的；而在第二種模式中，倫理術語的「概念內容」也還必須加以說明。該書雖然「在一些年裡成為情緒理論的聖經」，但它不過是其令人感興趣的早期論文的擴充， 「與這些文章相比，這本書失諸自負，結果未能產生多少影響」。❿特別是，史蒂文森似乎過分注意方法，過分重視論證過程，使該書讀起來顯得蕪雜、甚至煩瑣。

無論怎樣， 作為 部全面而系統地闡述、解釋、論證、捍衛情緒主義的理論專著，《倫理學與語言》的出版，是情緒主義理論發展史上的里程碑，也是情緒理論向其他領域（如文學）滲透的開始。

但是，該書的出版對史蒂文森本人來說，卻產生了兩種截然相反的結果：一方面，《倫理學與語言》的出版，加上史蒂文森的幾篇早期論文，使他獲得了一系列的讚譽，成為與大洋彼岸的艾耶爾遙相呼應（暫不提他對後者的批評和修正）的著名倫理學家；同時，由於他的這些研究成果、以及他在教學上的成就，1945年他獲得了古根海姆研究員職位，榮獲了古根海姆研究員基金。

另一方面，由於該書接受並使用了實證主義的方法，具有強烈的反傳統意義，從而受到了當時倫理學界，尤其是耶魯大學內部一些理論家的誤解和指責。在那個時候，實證主義在大多數傳統的美

---

❿　瑪麗・沃諾克：《一九〇〇年以來的倫理學》， 商務印書館1987年版，頁69。Mary Warnock: *Ethics Since 1900*, Oxford University Press, Third edition, 1978, p. 66.

國哲學家，包括史蒂文森在耶魯大學的一些高級同事中，尚不流行。而實證主義在倫理學方面，又是特別令傳統倫理學家不快的。在耶魯大學這個經驗主義哲學占主導地位的學府中，這種不快表現得特別尖銳與突出。有些人甚至認為，史蒂文森的理論使倫理學喪失了客觀基礎，將道德建立在主觀情緒、態度之上，從而敗壞了道德。──當然，順便說一句，鑒於史蒂文森的情緒理論誘發的強烈批評，也有人宣稱，史蒂文森已經「連累了實證主義」。

　　客觀地講，對史蒂文森的上述批評與指責是欠公正的。因為，事實上，史蒂文森的理論在性質上是一種後設倫理學，是對道德研究的研究，而不是一種規範倫理學。即使具有相對主義的傾向特徵，也僅僅是方法論上的，而非實際道德生活方式上的。而且，他總是煞費苦心地指出，他的理論並不直接包含倫理規範，而僅僅是為規範倫理學提供「工具」；他並不反對人們關注倫理規範、關心具體的道德行為與道德生活，只不過他把自己的研究定位於基於具體道德實踐的「元」(meta) 層次的研究。在《倫理學與語言》中，他一開始就特別指出，「規範問題構成了倫理學的最重要的分支，滲透於一切生活常識之中」，**⓫**後設倫理學與規範倫理學的關係不是對立的，而是相輔相成的，就如同科學哲學與各門具體科學的關係一樣。正如人們並不指望概念分析和科學方法的研究能代替具體科學的探索一樣，人們也不能期望後設倫理學的分析，可以作為評價人們行為是否正當的標準。甚至在《倫理學與語言》的最後一頁，他在完成自己的論述以後，還明白無誤地寫道：「最重要的道德問題在哪裡開始，我們的研究就必須在那裡結束」。

⓫ C. L. Stevenson: *Ethics and Language*, Yale University Press, 1944, p. 1.

令人遺憾的是，數年以後，人們才逐漸接受他的實證主義倫理學觀點。在這以前，特別是在耶魯大學這個經驗主義哲學占主導地位的學府中，他一直為一些人的誤解、批評與責難所包圍。

1946年，史蒂文森由於堅持其情緒主義倫理學立場和觀點，終於被耶魯大學無情地解職了。——這在標榜「學術自由」的美國，實在是一件非常遺憾的事。

1.3　弘揚思想時期

令人高興的是，密執安大學哲學系並不贊同耶魯大學的舉動。他們並不認為史蒂文森的觀點有何不妥之處，同時也令人高興地認識到了史蒂文森的價值。在密執安大學哲學系，沒有多少人贊同耶魯大學的觀點，他們認為，任何哲學家的後設倫理學觀點及其任何道德涵義，無論如何根本，都不能構成傷害史蒂文森的理由。因此，1946年，應密執安大學哲學系之聘，史蒂文森成為了密執安大學哲學系的副教授。他一直在那兒勤勤懇懇地工作了31年，直至退休。同時也和密執安大學哲學系的一些同事，諸如著名倫理學家W. 弗蘭克納 (William Frankena, 1908~)，建立了友誼。史蒂文森經常與W. 弗蘭克納一起討論倫理學問題，W. 弗蘭克納還曾閱讀過他後來的不少論文草稿，給他提出過不少有幫助的建議；後來在《事實與價值》中，他特別表達了他對W. 弗蘭克納等人的謝意。

更幸運的是密執安大學和其哲學系。由於第二次世界大戰，美國之外的世界大部分地方，例如歐洲大陸和英國，都直接承受著戰火的殘酷蹂躪。在這期間，史蒂文森的論文和著作主要只是在美國國內傳播、產生影響。即使在美國，由於戰爭的緣故，也由於研究

傳統的影響，人們在如此艱深的後設倫理學研究上的興趣顯然不是
太濃，似乎也缺乏足夠的耐心去理解它。戰後，史蒂文森極富學究
氣的倫理學論文和著作在國內外，特別是在具有良好情緒主義基礎
的英國廣泛流傳開來。一時，美國國內與國外，特別是大不列顛王
國的人們熱切地閱讀它、討論它，從而使它對哲學界、特別是倫理
學界產生了巨大的衝擊，同時，也為史蒂文森贏得了巨大的聲譽。

自此以後，《倫理學與語言》的聲譽日隆，在一段時間裡被多
次印刷出版，並被譯為意大利文、西班牙文、日文等，在世界上廣
為傳播。長期以來，針對情緒主義的討論、質疑與答辯一直就沒有
間斷過，出版的著作、論文可謂汗牛充棟，討論的問題也日漸深入。
史蒂文森作為情緒主義思想之集大成者和傑出代表，也因此在國際
哲學界確立了其不可替代的地位。

自1946年至1977年，史蒂文森一直在密執安大學哲學系勤勤懇
懇地工作。在這31年中，史蒂文森以同樣旺盛的精力投入到教學和
寫作中去，並在這兩方面獲得了同樣的成功。而且，由於史蒂文森
的創造性工作和他具有的巨大影響，他還曾被選為美國哲學協會西
部分會會長。

1948年，史蒂文森在《哲學評論》上發表了〈意義：描述的與
情緒的〉一文。在這篇論文中，他對倫理語言的描述意義和情緒意
義，以及它們之間的關係，作了更進一步的探討。

1949年，史蒂文森被聘為密執安大學哲學系教授。這一年，他
還在H. 費格爾(H. Fcigl)和W. 舍洛斯(W. Sellars)編輯的《哲學分析
讀物》上，發表了〈倫理分歧的性質〉一文。在這篇論文中，史蒂
文森比較系統地論述了信念上的分歧和態度上的分歧及其關係，明
確指出道德分歧的本質在於態度上的分歧。不過，總的來看，這篇

論文的主要思想《倫理學與語言》中都涉及到了，與《倫理學與語言》中關於道德分歧的論述相比較，這篇文章並沒有什麼太多的新意。

1950年，史蒂文森在《哲學評論》上發表了〈倫理學中的情緒概念及其認知含義〉一文。在這篇論文中，史蒂文森首先討論了「個人決定」和「人際決定」及其關係，然後，他把視角主要局限於「個人決定」上，詳細地研究了在解決倫理衝突、作出倫理決定時，科學知識、信念因素的作用。

1963年，他將自己以前發表過的幾乎所有重要的倫理學論文彙集成冊，取名為《事實與價值》，交由耶魯大學出版社出版。全書共包括11篇論文，其中10篇以前曾經發表過，如〈倫理分歧的性質〉、〈倫理語詞的情緒意義〉、〈勸導性定義〉、〈倫理學中的情緒概念及其認知含義〉、〈倫理判斷和可避免性〉、〈哲學與語言研究的一些關係〉等等，收入本書時只作了一些細微的改動。但最後一篇論文：〈回顧性的評論〉是第一次發表。他之所以收入這篇論文，一方面是為了引入一些後來所作的修改，另一方面也是為了與新近倫理學發展了的趨勢相適應。在〈關於杜威倫理學的思考〉一文中，他特別對其在密執安大學的思想先驅杜威表達了謝意。

《事實與價值》與1944年出版的《倫理學與語言》具有密切的關係。很明顯，這裡收入的一些論文是《倫理學與語言》已經比較完整地包括了的，它們構成了《倫理學與語言》的基本構架，而另一些則常常是以新近方式重述其觀點，史蒂文森特別強調，在寫作《倫理學與語言》時，他比較注重某種程度上的技術處理，以期引起職業哲學家們的注意；但他希望，《事實與價值》不僅能引起哲學家們的興趣，而且也能吸引一般讀者的目光。這是作為後設倫理

學家的史蒂文森的一個引人注目的變化，儘管他似乎並沒有完全達到他的目的——由於《事實與價值》是他的一些專業性後設倫理學論文的彙集，他的濃厚的學究氣、他的技術性寫作風格、他的冷峻怪僻的表達方式，都沒有明顯的改變，而這恐怕是一般讀者難免望而卻步的。

值得注意的是，在《事實與價值》一書的前言中，史蒂文森對倫理學作了一些總結性的概述。這代表了他的一些比較成熟的看法。他認為，倫理學有三種不同的類型：第一種是對既有的道德現象（行為、意識等）的經驗描述的「描述的」倫理學；第二種是為人們提供各種一般的倫理原則的「規範的」倫理學；第三種是以澄清規範倫理學的問題及其術語的意向、尤其是以考察各種可以支持其結論的理由的所謂「分析的」倫理學，或稱之為「後設倫理學」、「批判的倫理學」。

史蒂文森在《事實與價值》這本書中，致力於處理諸如「什麼是善與惡？」「應該做什麼？」「不應該做什麼？」之類問題，這些問題都是人們日常生活中所熟悉的。但是，史蒂文森並不是如同傳統的倫理學家那樣關心這些問題，他從不關心那些傳統的倫理學爭論，儘管這些爭論近年來一直是倫理學研究的中心。也就是說，史蒂文森的論文集《事實與價值》，就是關於「分析倫理學」、或「後設規範倫理學」的。它僅僅在論述過程中才涉及到描述倫理學，而且，為了致力於它自身的任務，它也並不著力於回答規範倫理學的問題。

史蒂文森認為，後設倫理學的基本性質是分析的，「哪一種理由可以用來支持規範結論？」這是一個十分重要的問題。在實踐中，它可以分解為兩個問題，即：其一，「規範倫理學問題如何與科學問題區分開來？」其二，「如何把倫理學的關鍵詞的意義與科學的關

鍵詞的意義區分開來?」 他認為，這三個問題構成了分析倫理學的主要部分，構成了倫理學的基本主題。《事實與價值》主要也就是論述這些問題的。

在情緒主義倫理學的基本構架和理論觀點完成以後，特別是在他的晚年，史蒂文森一直都在孜孜不倦地精心提煉、完善這種理論。並且，他還把這種基礎性的後設理論擴充開來，應用到他歷來比較感興趣的一些相關領域（藝術、美學、詩、音樂等）中去，在這些方面寫出了數篇引人注目的論文，諸如〈審美中的解釋與評價〉(1949)，〈論「詩是什麼」〉(1957)，〈關於藝術工作的「分析」〉(1958)，〈非表現派藝術中的象徵手法〉和〈表現派藝術中的象徵手法〉(1958)，〈論能用來解釋詩的理由〉(1962)，〈英語詩的節律〉(1970)，等等。在這些論文中，他對於一種與後設倫理學平行的理論——審美評價理論，以及虛擬語氣的邏輯、詩與音樂的關係等等問題，進行了相當深入的研究。顯然，史蒂文森在這些方面的研究，反過來又對其情緒主義思想產生了某種影響。

1965年，當埃倫・迪斯特勒(Ellen Distler)去世以後，史蒂文森與諾拉・卡羅爾・卡里(Nora Carroll Cary)結了婚。婚後，史蒂文森仍然保持了他過去的生活習慣，特別是他對藝術、音樂矢志不移的興趣。他仍然和過去一樣，經常和夫人——現在當然是諾拉・卡羅爾・卡里了——雙雙出入音樂會，並一直是一個演奏組的積極分子；當然，同時更是一些非正式的、自發的音樂集會的積極參與者。史蒂文森與諾拉・卡羅爾・卡里婚後，還生有一個兒子。

1977年，在密執安大學哲學系工作了整整31年後，68歲高齡的史蒂文森教授光榮退休。為紀念他及與他幾乎同時退休的著名倫理學家弗蘭克納(William Frankena, 1908~)和布蘭特(Richard Brandt,

1910~)，密執安大學專門出版了一本由A. I. 戈德曼(A. I. Goldman)
和J. 基門(J. Kim)編輯的論文集——《價值與道德》。英美很多著名
哲學家、倫理學家，如W. V. O. 奎因(W. V. O. Quine, 1908~)、J. 羅
爾斯(J. Rawls, 1921~)、R. M. 赫爾(R. M. Hare, 1919~)、J. O. 厄姆
森(J. O. Urmson, 1905~)等都為此書撰文。

　　史蒂文森退休後，仍然不甘寂寞，積極從事學術活動。他立即
轉而受聘於佛蒙特州本寧頓學院，任哲學教授，並且在此定居下來。

　　1978年3月19日，史蒂文森於佛蒙特州本寧頓學院學院辦公室
去世，享年69歲。

　　這位辛勤耕耘、思想深邃的充滿學究氣的學者，終於離開了我
們。但是，通過他留下的一些思想豐富、卓有創見的情緒主義倫理
學著作，史蒂文森必然會在人們的心目中占據一席之地。很明顯，
正如人們所公認的，史蒂文森「是本世紀最重要和最有影響的道德
哲學家之一。」⑫A. 麥金太爾(A. MacIntyre, 1929~)在《德性之後》
甚至認為，史蒂文森是「情緒主義流派中迄今為止最為出類拔萃的
人物」，「是這個理論唯一最重要的代表者」。⑬

---

⑫　A. I. Goldman and J. Kim (eds.), *Values and Morals*, Dordrecht, Reidel,
　　1978, Preface, xii~xiii.

⑬　A・麥金太爾:《德性之後》，中國社會科學出版社1995年版，第16–17
　　頁。 Alasdair MacIntyre: *After Virtue*, University of Notre Darne Press,
　　1984, p. 12.

第二章　道德分歧和一致的性質

史蒂文森聲稱，他的倫理學研究是建立在「對日常生活的倫理爭論的觀察」基礎之上的，並且也只有深入到這一根源中才能加以說明和證實。❶在現實的道德生活中，人們的道德爭論往往起因於倫理分歧，因此，關於「分歧」的研究便成為史蒂文森倫理學研究的出發點與特色之所在。他所提出的兩種分歧——「信念上的分歧」和「態度上的分歧」——的理論，是對情緒主義倫理學最具特色的貢獻之一，也是史蒂文森情緒主義倫理學的重要組成部分。

2.1　分析的目的與任務

史蒂文森的倫理學是從一個假定開始的，那就是：科學以一致為標誌，而道德以分歧為顯著特徵。這一假定的具體內容之一，就是規範倫理學與後設倫理學的區分。因此，在討論倫理學中的分歧和一致之前，史蒂文森首先對規範倫理學和後設倫理學的關係，特別是後設倫理學分析的目的和任務，進行了概要的討論與說明。

史蒂文森認為，倫理學有三種不同的類型：

---

❶　C. L. Stevenson: *Ethics and Language*, Yale University Press, 1944, p. 13.

第一種是「描述的」倫理學，它「研究道德實踐、以及在這樣或那樣的人們中間已經流行的各種確信，因而也研究已為人們含蓄地或明確地考慮到的善、應該等等。」❷在這一領域內，其他社會科學家（如社會學家、心理學家等）所作的研究要遠遠超過哲學家。

第二種是「規範的」倫理學，它「尋求獲得關於這樣或那樣的律令的結論，……而且它常常（儘管並非永遠）企圖在一般的原則下，諸如在邊沁和密爾的最大多數幸福原則、或在康德的絕對命令下，將那些結論系統化。」❸規範倫理學與描述倫理學的明顯區別就在於，前者立足於為人們提供各種一般的倫理原則，後者則主要是對既有的道德現象（行為、意識等）的經驗描述。

第三種是所謂「分析的」倫理學，或稱之為「後設倫理學」、「批判的倫理學」。它「以澄清規範倫理學的問題及其術語的意向、尤其是以考察各種可以支持其結論的理由的意向，來概觀規範倫理學。」❹因此，也可以把「分析的」倫理學或後設倫理學稱之為關於規範倫理學的分析，即「後設規範倫理學」。

描述倫理學和規範倫理學對於我們都不算陌生，而後設倫理學或分析倫理學傳統則是由英國哲學家摩爾在20世紀初所開創的。摩爾在1903年出版的《倫理學原理》這部「標誌著20世紀倫理學革命的開端」的著作中，對從前的一切有影響的倫理學思想和流派，特

---

❷ C. L. Stevenson: *Facts and Values*, Yale University Press, 1963, preface.

❸ C. L. Stevenson: *Facts and Values*, Yale University Press, 1963, preface.

❹ C. L. Stevenson: *Facts and Values*, Yale University Press, 1963, preface.

別是自然主義倫理學進行了駁難，開創了分析倫理學或者說後設倫理學研究之先河。摩爾認為，「善」是倫理學的最基本的概念，對「善是什麼」的探討是倫理學的首要任務，給「善」下定義是全部倫理學中最根本的問題。而「善」這一基本概念是單純的、終極的、不可直觀感覺的、不可試驗的、也不可分析的性質，它是不能定義的；當人們用自然主義術語來給「善」下定義時，都將犯「自然主義謬誤」。──所謂「自然主義謬誤」，就是在本質上混淆「善」與善的事物，並以分析性的自然性事實或超自然的實在來規定或定義善。摩爾的「善不可定義」、「自然主義謬誤」等思想，連同他的分析方法（特別是對「善」這一概念的精微分析），使他的倫理學成為20世紀西方倫理學革命的開端，並極大地影響了西方倫理學的發展方向。自摩爾始，傳統的自然主義倫理學與形而上學倫理學日趨式微，西方倫理學逐漸轉向對道德語言進行邏輯的或語言學的分析，也即出現了後設倫理學占主導地位的傾向。

作為摩爾的學生，史蒂文森深受摩爾的影響，並把摩爾的後設倫理學思想大大深化與發展了。

史蒂文森認為，「哪一種理由可以用來支持規範結論?」這是倫理學中一個十分重要的問題。在實踐中，它可以分解為兩個問題，即：其一，「規範倫理學問題如何與科學問題區分開來?」其二，「如何把倫理學的關鍵詞的意義與科學的關鍵詞的意義區分開來?」他認為，這三個問題構成了後設倫理學的主要部分，構成了倫理學的基本主題。

史蒂文森認為，後設倫理學的基本性質是分析的，他在其著作中，對道德哲學分析家和道德行為者的任務進行了仔細區分。雖然在最終意義上，他並不贊同為分析而分析，而認為分析的目的仍然

是為了評價，為了具體的道德行為，但他始終堅持，只有對道德術語進行了透徹的分析之後，才能作出道德評價。也正因為如此，遵循摩爾所開創的分析倫理學傳統，史蒂文森對倫理學的研究，主要集中在關於道德語言的意義和倫理學方法上，即「僅限於改善人們所使用的工具」❺，而對於倫理學之其他部分，特別是傳統的規範倫理學問題研究，則幾乎不大涉及。

要分析規範倫理學結論的理由和根據，就必須先弄清楚倫理學問題的產生原由。史蒂文森認為，倫理學問題最初產生於關於「什麼是善?」或「什麼選擇更有價值?」這樣一些問題之中。要弄清楚這些問題本身，又不能不先弄清楚倫理學的基本定義、以及構成倫理學定義表述的各種關鍵性語詞及其意味。這就必須要涉及到語言、特別是道德語言的複雜性。傳統的倫理學似乎都只是停留在規範倫理學層次，滿足於制訂和尋求各種普遍的倫理原則、規範和結論，表現出對倫理學中的語言問題的天生遲鈍。這也許正是各種傳統的規範倫理學缺乏充分的說服力，因此也彼此爭論不休，卻總無結果的原因。

在史蒂文森看來，規範倫理學依賴於科學知識，但它本身並不構成知識，因為「科學的方法並不能保證在所謂規範科學中具有如同它們在自然科學中的那樣確定的作用。」由此可以得出結論：規範倫理學不是任何科學的一個分支；它也不是心理學，「它是從所有的科學中引出的，但是一個道德學家的特殊目的 —— 即改變態度的目的 —— 是一種認識活動，而不是知識，它不屬於科學的範圍。科學可以研究活動，可以間接地有助於接近活動，但它與這種活動

---

❺　C. L. Stevenson: *Ethics and Language*, Yale University Press, 1944, p. 1.

並不同一。」❻

　　規範倫理學之所以不能成為科學，其關鍵在於它無法解釋人們在倫理判斷中的各種分歧以及這些分歧形成的原因，更無法洞察到倫理判斷的語句、語詞的具體意味。在史蒂文森看來，分析倫理學或後設倫理學所從事的恰恰是規範倫理學所沒有、也不可能從事的工作：分析倫理概念和判斷、以及判斷構成形式的性質意義和功能等問題，這也就是對規範倫理學的結論之根據、理由，以及與此相關的規範倫理學的意義和科學的區別的分析，就是對構成倫理判斷之語句、語詞等要素的分析。規範倫理學的基本特徵在於它對行為的價值判斷和規範，而各種倫理學判斷都具有一種「偽命令」的力量，其目的是通過判斷的語氣、情感、手勢等形式去影響所判斷的對象。傳統的興趣理論就是其典型表現。但是，它的工作只是一種心理的描述和影響，無法真正解決人們在倫理或價值判斷中所產生的形形色色的分歧，也無法為人們的道德生活提供什麼新的東西。後設倫理學卻恰恰相反，它立足於中立的立場，辨析著人們表達各種倫理判斷的語言形式，從而發現這些語言形式的功能、特徵、意味及其差異，使倫理學能夠成為給人們提供道德生活的新知識的科學。所以，史蒂文森把他的後設倫理學與傳統興趣理論的區別，稱之為「描述一片沙漠與灌溉這片沙漠之間的區別」，其本意就在於貶低傳統規範倫理學的科學性和實際價值，確證後設倫理學的科學意義，從而為自己建立系統的後設倫理學體系開闢道路。

　　關於規範倫理學與後設倫理學的關係問題，史蒂文森作了十分全面、精彩的闡述。根據極端情緒主義者之過激觀點所受的攻擊，也根據道德之於日常生活的關係，史蒂文森不同意「拒斥規範倫理

---

❻　C. L. Stevenson: *Facts and Values*, Yale University Press, 1963, p. 8.

學」的提法，而認為「規範問題構成了倫理學的最重要的分支，滲
透於一切生活常識之中」❼，後設倫理學與規範倫理學的關係不是
對立的，而是相輔相成的，就像概念分析和科學方法同各門具體科
學的關係一樣。在史蒂文森看來，後設倫理學和規範倫理學的關係，
就如同科學哲學與各門具體科學的關係一樣。正如人們並不指望概
念分析和科學方法的研究能代替具體科學的探索一樣，人們也不能
期望後設倫理學的分析，可以作為評價人們行為是否正當的標準。
後設倫理學是對道德的第二級的、間接的研究，即不是直接給出什
麼行為正當、什麼行為不正當的結論，而是通過對規範倫理學的概
念、判斷、命題的意義和功能的分析，來澄清思想上的混亂。語言
分析研究或方法論研究的目的，無論對於科學還是倫理學來說，永
遠都是間接的，它只是為了使人們在解決倫理道德問題時具有清晰
的頭腦，減少在規範倫理學研究中的習慣性浪費。當然，這種關於
意義和方法的分析必須仔細考察人們的具體道德行為，必須以人們
的日常生活為基礎，否則便無異於閉門造車。

　　也正因為此，史蒂文森首先深入考察了現實生活中的道德爭
論，探討了倫理分歧的種類和性質，希望把自己的後設倫理學分析
建立在現實的基礎之上；在這一基礎上，他系統地分析、解決了後
設倫理學的幾個基本問題，從而構建了一個情緒主義倫理學體系。

2.2　倫理爭論是普遍存在的

　　早期情緒主義者（邏輯實證主義者）依據其「可證實性原則」，

---

❼　C. L. Stevenson: *Ethics and Language*, Yale University Press, 1944,
　　p. 1.

通過對倫理語言的嚴格的邏輯分析，認然倫理概念和倫理判斷都既不具有嚴密的邏輯必然性（或不是邏輯重言式命題），也不具有經驗上的可證實性，而不過是人們情緒、情感和欲望等的宣洩和表達。艾耶爾論證說，像「你偷錢是錯誤的」這個句子，和「你偷了錢」這個句子是一樣的，它們表達了同樣的意義，即描述了「你偷了錢」這一事實。而像「錯誤的」——這種表達還有很多，如「善」、「應該」、「正當」、「正義」等等——之類說法，只不過表達了我們不贊成偷竊行為的道德感情。但無論如何，它們與關於事實的描述不一樣，因為描述的說法可以互相矛盾，如「現在正在下雨」和「現在沒有下雨」，這兩個說法只能有一個是真的。而即便有人對於「偷竊」之類與我主張不一，這也只是由於我們具有不同道德情操，我們都可以堅持它們是真的，無法判斷誰真誰假，因而沒有什麼好爭論的，或者說不會有關於價值或道德的有意義的爭論。

　　史蒂文森並不同意艾耶爾等極端情緒主義者關於道德判斷是偽判斷，倫理表達毫無意義的看法，也並不同意倫理判斷沒有什麼好爭論的極端觀點。他認為諸如「趣味無爭辯」等格言，只是在狹義上理解才是適當的。例如，對食品或葡萄酒的品嘗來說，如果一個人不喜歡我們認為很好的某種食品或葡萄酒，我們既沒有語言手段改變他的愛好，也沒有理由這樣做。儘管我們可以強迫一個人去喝他不喜歡的酒，並希望對這種酒的注意和習慣最終會使這個人喜歡它，但在這個問題上爭論不休，只能是勞而無功。認識到「趣味無爭辯」，常常能結束一個已變得令人生厭的爭論。但是，如果我們把這一格言推而廣之，應用於藝術趣味上，應用到所有的人類態度問題、特別是道德分歧上，那麼，很多藝術批評、很多報刊評論、很多大眾輿論就都得重新考慮了，或者說是不必要的了。這顯然是

很難讓人接受的。諸如此類的問題，只有當一個人冷眼看世界、漠然觀人生，並且不太影響他人、社會，他自己也無意改變生活進程時，才可以是「不可爭論」的。

特別地，在一個社會中，人與人之間是相互依存的，相互制約的，任何人都不能完全無視他人地、隨心所欲地生活，生活本身需要一定的社會行為標準。例如，如果一個人贊成戰爭，另一個人維護和平，由於他們的態度與其生活方式密切相關，他們之間不可能和平相處，這時就不可能不爭論了。而且不僅要爭論，甚至還要求得態度上的一致。同時，由於人們常常面臨許多行為選擇，甚至同一個人內心之中，也可能會出現某種道德衝突，這時，也是不可能不爭論的。因此，可以說，爭論是一種普遍的社會現象。對於人們的道德生活來說，也是一種無法忽視的社會現象。

實際上，不僅爭論是普遍存在的，而且爭論也不是沒有意義的，它常常也是會有結果的。史蒂文森指出，如果說一個人的趣味嗜好難以改變是成立的話，那麼，一個人的態度則是可以改變的。如下所述，道德分歧包括兩種基本類型，即所謂「信念上的分歧」和「態度上的分歧」，其中「信念上的分歧」涉及的是人們對真實情況的認識和判斷上的分歧，如醫生們對同一種病因的不同看法的分歧，朋友們對於上次見面的確切日期的記憶的分歧；而「態度上的分歧」則是對事態的某種評價，即意願、需要、愛好、欲望等的不同。這兩種分歧常常是互相影響的，但態度上的分歧在爭論中起著統一的和支配的作用，當態度上的分歧解決後，即使確實還存在大量的信念上的分歧，但倫理學上的爭論通常也就結束了。而語言分析方法既是改變態度的工具，又是改變信念的手段，常常能夠幫助我們解決這類爭論。

2.3 道德分歧的性質

倫理爭論之存在，說明人們之間存在「分歧」。「分歧」是史蒂文森研究的出發點。他認爲下述關於倫理分歧的問題，雖然看起來是表面性的，但實際上卻具有至關重要的意義：

> 道德一致和分歧的性質是什麼？它與自然科學中出現的一致和分歧的性質相同嗎？如果兩者之間存在著差異，那麼這種差異僅僅是一種題材上的差異呢，還是一種具有普遍意義的差異呢？❽

史蒂文森認爲，這一問題的解決，將把道德問題與科學問題區分開來，找出其間的實質性差異，從而對道德術語、問題予以清晰的普遍性的認識，使道德研究找到適當的研究方向。只要能夠解決這一問題，就可能對規範道德問題形成一種普遍性的認識，使常常顯得混亂的規範道德問題變得清晰，從而易於論證與反駁。

2.3.1 信念和態度

兩種分歧的理論，即關於信念上的分歧與態度上的分歧及其關係，是史蒂文森情緒主義倫理學的重要組成部分。但這一區分「實際上是以假設一個更爲普遍的區分即信念與態度的區分爲前提的。」❾ —— 那就是信念與態度的區分。

---

❽ C. L. Stevenson: *Ethics and Language*, Yale University Press, 1944, p. 2.

信念和態度的區分是史蒂文森倫理學的基石之一。史蒂文森指出，信念與態度的區分古已有之，按照那種古老的思想，信念作為眾多內心印象的匯合，是一個特殊認識官能的產物，而態度不過是另一個完全不同的官能的驅力或能力。這一區分在歷史上總是通過各種各樣的方式表現出來，而自休謨以來的早期情緒主義思想，更是將之推向了「二分對立」的極端。

休謨認為，事實是存在於對象之中、與人的天性結構或價值無關的、可以為理性所把握的對象及其性質，如客體的時空關係、數量關係，客體的物理、化學、生物特性，等等。而道德並不是理性的對象，善惡是並非可以理證的。休謨從徹底經驗論的立場出發，把牛頓(I. Newton, 1642~1727)《光學》中關於第一性質和第二性質的區分引申開去，認為道德感情就像聲音、顏色、熱與冷這些知覺屬性一樣，並不依賴於觀察對象的某些事實，善和惡不是對象所具有的性質，而是主體內心由於其天性結構而產生的「知覺」，即人們在觀察一定行為或認識與思考一定對象時，在心中所產生的感覺與情感。人的行為的善惡等只受愉快或不愉快的情緒或情感的支配或指導，理性作為「情感的奴隸」，在道德（價值）行為中，只是為情感服務的。面對善惡等道德問題，以理性為特徵、以客觀事實為對象的科學是無能為力的。科學所研究的關係（類似、相反、性質程度和數量比例等）與道德關係不同，前者的聯繫詞是「是」或「不是」等，而後者的聯繫詞是「應該」或「不應該」等。根據邏輯規則，道德關係既然不在科學所研究的諸種關係之內，它就不可能從那些關係中被推導出來。理性、科學只能回答「是什麼」的問

❾　C. L. Stevenson: *Ethics and Language*, Yale University Press, 1944, p. 7.

題，而不能告訴我們「應該怎樣」的問題。在《人性論》中，休謨認為，幾乎所有的哲學家都忽略了這一點：

> 在我所遇到的每一個道德學體系中，我一向注意到，作者在一個時期中是照平常的推理方式進行的，確定了上帝的存在，或是對人事作一番議論；可是突然之間，我卻大吃一驚地發現，我所遇到的不再是命題中通常的「是」與「不是」等連繫詞，而是沒有一個命題不是由一個「應該」或一個「不應該」聯繫起來的，這個變化雖是不知不覺的，卻是有極其重大的關係。因為這個應該與不應該既然表示一種新的關係或肯定，所以就必須加以論述和說明；同時對於這種似乎完全不可思議的事情，即這個新關係如何能由完全不同的另外一些關係推出來的，也應該舉出理由加以說明。不過作者們通常既然不是這樣謹慎從事，所以我倒想向讀者們建議要留心提防；而且我相信，這樣一點點的注意就會推翻一切通俗的道德學體系，並使我們看到，惡與德的區別不是單單建立在對象的關係上，也不是僅僅被理性所察知的。❿

既然事實與價值是兩個互相分離的領域，那麼，從事實判斷(以「是」等為連繫詞)導出價值判斷（以「應該」等為連繫詞）就是需要理由和根據的，是必須加以說明的。而休謨「大吃一驚」的發

---

❿　休謨：《人性論》下冊，商務印書館1980年版，第509–510頁。原譯文漏譯了最後一句「也不是僅僅被理性所察知的」中的「僅僅」一詞，現根據黃慶明先生的意見予以訂正。參見 David Hume: *A Treatise of Human Nature*, L.A. Selby-Bigge, M.A. Oxford, 1946, pp. 469–470.

現，就在於以前的一切倫理學體系從來就不加懷疑、不加分析、不知不覺地進行著這種尚須說明理由的推導。

後來，休謨這一甚至尚處於萌芽狀態的、並不成熟的思想，被一些哲學家進一步發展了，他們認為，事實與價值分屬二個完全不同的、互不相關的領域，它們之間存在著一條不可逾越的鴻溝。

一方面，他們堅持科學的「價值中立說」，他們指出，科學本質上是某種超越於價值的事業，即實事求是、理性的處理感性材料。在進行科學觀察、試驗、概括、推理、評價與驗證的過程中，必須暫時撇開主體的目的、利益、需要、興趣、情緒、情感等主觀偏好，唯一以如實反映對象的客觀本質和規律為目的。因此，科學活動本身，它所取得的任何一項具體成果，本身不是價值，而且也不涉及到或意味著「好」、「壞」之類價值，而是價值上「中立」或「無涉」的，這種「中立性」正是科學的「客觀性」與優點所在，也是科學工作者人格理智誠實的表現。

另一方面，邏輯實證主義者依據其「可證實性原則」，通過對倫理語言的嚴格的邏輯分析，認為倫理概念和倫理判斷都既不具有嚴密的邏輯必然性（或不是邏輯重言式命題），也不具有經驗上的可證實性，而不過是人們情緒、情感、態度和欲望等的宣洩和表達。例如，羅素指出，「當我們斷言這個或那個具有『價值』時，我們是在表達我們自己的感情，而不是在表達一個即使我們個人的感情各不相同，但卻仍然是可靠的事實。」❶艾耶爾更是明確地說：「僅僅表達道德判斷的句子什麼都沒有說，它們純綷是感情的表達。」❷

---

❶　羅素：《宗教與科學》，商務印書館1982年版，第123頁。B. Russell: *Religion and Science*, Oxford University Press, 1961, pp. 230–231.

❷　艾耶爾：《語言、真理與邏輯》，上海譯文出版社1981年版，第116頁。

這種僅僅表達情緒、態度的語詞或語句是沒有意義的。

總之，倫理或價值概念、判斷不表達任何事實內容，它們既不能通過經驗事實加以證實，也不能從經驗事實中推導出來，因而是不可證實的、無所謂真假的、沒有意義的偽概念、偽判斷。這樣，情緒主義者就否定了倫理知識的可能性，把倫理學排除在科學之外，即取消了價值論或倫理學作為科學的可能性，割斷了事實與價值（道德）之間的聯繫，從而把事實與價值（道德）對立起來了。

儘管情緒主義者對上述區分有各種各樣的表達方式，如「科學」、「事實」、「認知」、「信念」與「價值」、「道德」、「評價」、「興趣」、「感情」、「情緒」、「態度」，等等，但對它們進行嚴格的區分，甚至割裂它們之間的聯繫，將之二分對立起來，卻是極端情緒主義的一貫立場。他們認為，科學是關於事實的，價值是關於目的的；科學是追求真理，價值是追求功利；科學是理性的，價值是非理性的；科學是可進行邏輯分析的，價值則無法進行邏輯分析；科學是可以用經驗材料加以檢驗的，價值則是無法用經驗材料加以檢驗的；等等。史蒂文森也接受了這一基本立場，並用「信念」與「態度」來具體地表示它。

史蒂文森也承認，關於信念與態度的區分是十分複雜的，很難說清楚的。但是，運用某種實用主義的觀點，即「（至少部分地）聯繫行動的意向來分析」⓭，還是可以將之區分開來的。可是，史蒂文森並沒有對這兩個基本術語加以定義，只是根據其論文和著作加

A. J. Ayer: *Language, Truth and Logic*, Victor Gollancz, Ltd., London, 1955, p. 144.

⓭　C. L. Stevenson: *Ethics and Language*, Yale University Press, 1944, p. 7.

以分析，我們可以大致對之加以把握：信念主要是指諸如科學、歷史、傳記等方面的事實或認知「傾向」，而態度則類似於培里的「興趣」，其主要特徵在於純粹認知中所缺乏的「贊成」和「反對」，或者「喜愛」和「厭惡」等傾向。例如，科學誠然是建立在地球繞日公轉之類事實基礎上的，但科學並不因此「贊成」或「反對」什麼，「喜愛」或「厭惡」什麼，哪怕是對於它所描述的對象。❶

當然，作為溫和的情緒主義者，對於極端情緒主義者絕對地割裂信念與態度的「二分對立」觀念，史蒂文森也並不贊成。他認為，信念與態度是存在密切的相互聯繫的。一方面，具體道德問題，或者說態度與信念有著密切聯繫，「如果不想愚昧無知地評價一個對象，就必須通過這個對象活生生的實際前後關係去仔細地觀察它。」❶ 幾乎所有的信念都與道德具有這樣那樣的關係，當然，要具體地確定與某種對象相關的信念可能是很複雜的。人們對某一事物的信念變了，也可能會引起人們的態度的變化。另一方面，對對象的各種不同的評價，人們的各種具體的態度，對哪些信念能夠進入人們的視野，受到人們的關注，具有著一定的影響。「我們的態度使我們沉迷於希望的思考之中，而且因為態度會導致我們抑制或發展某些信念，這些信念可以向我們揭示出達到既定目標的手段。」❶ 對於這種關係，史蒂文森在信念上的分歧與態度上的分歧之關係中，

❶ 在史蒂文森的著述中，其「態度」一詞常常通過「目的」、「抱負」、「要求」、「喜愛」、「願望」、「贊成」、「不贊成」、「理想」、「目標」、「希望」等加以表達。

❶ C. L. Stevenson: *Ethics and Language*, Yale University Press, 1944, pp. 11–12.

❶ C. L. Stevenson: *Ethics and Language*, Yale University Press, 1944, p. 5.

還將進一步加以論述。

2.3.2　信念上的分歧與態度上的分歧

眾所周知，根據極端情緒主義者艾耶爾的見解，「我們從未真正地為價值問題而爭論」，我們關於一切問題的爭論，實際上都是關於事實的爭論；在一個道德爭論中，如果我們不能指出對手犯了某個事實錯誤，那麼，我們就應該放棄說服他的念頭。而且，「當我們開始觸及到純粹價值問題的時候」，理性往往顯得蒼白無力，從而只能憑藉對個人的「攻擊和謾罵」來進行。

史蒂文森對科學研究和日常生活中的種種分歧進行了認真的考查。與極端情緒主義者艾耶爾等不同的是，他認為事情並不那麼簡單，不能把倫理分歧都訴諸於個人的情緒差異，雖然情緒差異是最重要的方面，但卻不是唯一的方面。他發現，不同的倫理分歧具有不同的表現和特性，也就是說，有些倫理分歧是情緒方面的，而另一些則主要不是情緒方面的。由此，他提出了著名的兩種分歧的理論，並把這兩種分歧視為倫理分歧的基本類型。

第一種可以稱為「信念上的分歧」(disagreement in belief)。即在某種情形下，「一個人相信P是答案，另一個人則相信非P或某種與P不相容的命題才是答案。並在討論的過程中，每一方都為自己的觀點提出某種方式的論證，或者是依照進一步的信息來修正其證據。」❼例如，兩個朋友在回首往事時，對他們第一次相識地點的記憶上的分歧，甲認為是P，乙認為是非P或與P地完全不同的Q，雙方各持己見互不相讓，並盡力提出一些證據證明自己的觀點，或者

---

❼　C. L. Stevenson: *Ethics and Language*, Yale University Press, 1944, p. 2.

由於較新的發現而修正自己的觀點。日常生活中的道德問題與信念存在密切的關係，任何道德評價都必須通過對對象活生生的實際前後關係去仔細地考察才能作出，甚至任何在複雜的信念中劃分出哪些與道德有關，哪些與道德無關的企圖，都是徒勞的。幾乎任何信念都潛在地與道德具有這樣那樣的關係。

而在另一些情形下，還有一種與這種分歧截然不同的分歧，即「態度上的分歧」(disagreement in attitude)。史蒂文森承認，這裡「態度」一詞更多地是在「興趣論」者培里的「興趣」之意義上使用的；它表達著贊成或反對什麼的某種心理傾向。不過必須強調的是，關於這裡的「態度上的分歧」，正如W. D. 赫德遜(W. D. Hudson)在《現代道德哲學》中指出的，與自然主義「興趣論」者培里不同，史蒂文森認為道德判斷是表達態度，而不是報告態度。**⑱**這是情緒主義者史蒂文森與自然主義者培里的一個十分重要的區別。

史蒂文森認為，態度上的分歧「包含著一種對立面，有時是暫時的、緩和的，有時是強烈的，它們不屬於信念，而是屬於態度——這就是說屬於一種相對立的目的、抱負、要求、偏愛、欲望等等」。**⑲**例如，兩個人決定共進晚餐，一個人建議到有音樂伴奏的飯店去，另一個卻表示他不喜歡聽音樂，並建議去另一個飯店；當他們中至少有一方意圖改變對方的態度而爭論不休時，我們就可認為他們存在態度上的分歧。再如，當兩個人在處理一筆捐款時，一個希望把錢用來建醫院，另一個希望用來辦學校，他們之間所產生的

---

⑱ 參見 W.D.Hudson: *Modern Moral Philosophy*, Doubleday & Company, Inc., Garden City, New York, p. 117.

⑲ C. L. Stevenson: *Ethics and Language*, Yale University Press, 1944, pp. 2–3.

分歧即為態度上的分歧。其特徵是對某事、某物、某行為一方贊成，一方不贊成，並且兩人互不相讓、爭論不休。

此外，還有一種特殊的倫理分歧，即關於態度的信念上的分歧。這種分歧並不意味著一種說話者的相反態度，而僅僅與他們的關於某種態度的信念對立有關。例如，關於某一議案，張先生堅持說大多數人贊成它，而李先生則堅持，大多數人反對它。張先生和李先生之間明顯地存在分歧，並且這種分歧與態度——大多數人的態度——有關。但他們之間的分歧卻不是態度上的分歧，而不過是關於態度的信念上的分歧——它不過是「信念上的分歧的一種特殊形式，與關於感冒的信念上的分歧一樣，其區別僅僅在於題材的不同」。[20]

史蒂文森認為，信念上的分歧與態度上的分歧是兩種性質完全不同的分歧；前者是信念上的對立，涉及怎樣如實地描述和解釋事物的問題，對立雙方不可能同真；後者是態度的對立，涉及贊成或不贊成以及怎樣通過人的努力形成或阻止某事的問題，對立雙方不可能都滿意。信念是思考、假定、預測的結果，既包括對事件、行為的信念，也包括對態度的信念（如「我認為你在某事上持某種態度」等），它是科學爭論的中心，從信念上的分歧到信念一致也是科學爭論的主要目的。而態度則是指「任何心理學贊成或反對的傾向」，在含義上與培里的「興趣」(interest)是等同的，包括意圖、願望、渴求、偏愛、欲望等多種複雜的感情，更多地存在於人們的道德活動領域。「態度是一種以某種方式行動和體驗某種感情的傾向，其本身不是一個簡單的行動或感情。」[21]例如，假若某一個人在道德

[20]　C. L. Stevenson: *Ethics and Language*, Yale University Press, 1944, p. 4.

[21]　C. L. Stevenson: *Ethics and Language*, Yale University Press, 1944,

上不贊成某種行為，那麼，當他在別人身上看到這種行為時，他就會感到憤怒、屈辱、或震驚；當他發現自己有這種行為時，他就會感到有罪或受到良心的譴責。態度上的分歧雖然與信念上的分歧迥然不同，但在人們的日常生活中也占有重要的地位。

2.3.3 兩種分歧的關係

史蒂文森認為，如何詳細地闡明信念上的分歧與態度上的分歧是怎樣發生相互關係的，這是倫理學分析的中心問題或「真正的」問題，也是倫理學的真正任務。儘管在任何一個現實的社會中，被普遍接受並體現為社會習俗的道德規範，常常總是比有爭議的道德規範為多，但由於在道德爭論或分歧中，更易凸顯人們所運用的道德推理方法，另外史蒂文森企圖把信念與態度的區分加以擴展，貫穿於整個倫理學方法論的研究，因此，史蒂文森主要著眼於倫理分歧來展開其研究與說明。

兩種分歧實際上是相互聯繫、相互影響、相互滲透的。史蒂文森指出，現實活動中出現的倫理爭論常常不是只包含某一個方面的分歧，完全排斥另一種分歧，而是二者兼存的，因而我們不能把自己的信念和態度截然區分開來。「態度和信念各有自己的功能和作用，我們必須在它們的密切關係中加以研究」。㉒在現實中兩者實際上有著密切的聯繫。一方面，人們的態度常常影響著其信念，甚至態度常常使人們沉迷於希望的思考之中。例如，「態度會導致我們抑制或發展我們的某些信念」，偏愛某一事物會使我們對之了解深

---

p. 102.

㉒ C. L. Stevenson: *Ethics and Language*, Yale University Press, 1944, p. 19.

入，形成正確、豐富、多樣化的相關信念；厭惡某一事物可能會導致我們對之缺乏必要的了解，甚至形成錯覺、誤解與偏見。另一方面，我們的信念也常常影響著我們的態度，例如當人們認為麻雀總是偷食糧食時，人們可能憎惡牠；但當人們通過周密的觀察、通過食性分析，發現育雛期間的麻雀主要食的是莊稼上的蟲子時，人們對麻雀就可能不那麼憎恨了，從而態度會有所改變。這一點對於史蒂文森倫理學極為重要，是其情緒主義理論的支柱之一——勸導性定義成立的基礎。

史蒂文森強調，態度和信念之間這種相互影響的「因果關係」不僅是「密切的」，而且也是「相互的」。簡單地問是一般的信念影響一般的態度，抑或相反，這就如同問：「是流行作家影響公眾趣味，還是公眾趣味影響流行作家？」只能使人迷入歧途。因此，必須摒棄那種認為信念和態度只能互相排斥的觀點，而應該從信念和態度的相互聯繫中去進行思考；態度和信念各有其自身的功能和作用，雖然在其雙向影響中，有時一方會占據優勢。信念是指導或糾正態度的必要準備，而道德判斷是向人們推薦什麼，對什麼持贊成或不贊成的態度，它起著祈求、建議的作用，並訴諸人們的認識情緒之天性；在規範倫理學中，描述事實的時候人們總要考慮它將帶來什麼樣的感受和對它應該做些什麼。

史蒂文森堅持，兩種分歧之關係的性質是事實性的，而不是邏輯上的。分歧的存在說明人們之間實際存在著不同的認識、判斷、信念和態度等。僅就邏輯可能性而言，可以在沒有態度上的分歧的情況下產生信念上的分歧，例如，人們可以有共同的理想和目標，並以此指導自己的科學研究，但仍可能對某一研究對象得出完全不同的觀點；同樣也可以在沒有信念上的分歧的情況下產生態度上的

分歧，如A和B兩人都相信X有Q，但正因為如此，他們才對X持有不同態度：A贊成包含有Q的東西，而B反對這樣的東西。然而，這僅僅是邏輯上的可能性，事實上，人們對某一對象的認識和判斷，往往支配著他們對該對象的態度。「信念是態度的嚮導」，甚至在一定意義上，「所有態度上的分歧都植根於信念上的分歧。」❷ 這是為事實與價值、事實命題與價值命題之間的內在關係所決定的。任何非理性的因素如興趣、欲望、情緒、情感、態度等無不受著理性因素的制約，沒有人們對對象和自身的事實認識與把握，也就不可能有人們對對象的倫理或價值評價，不可能產生對對象的態度。但反過來，人們對某一對象的態度，又必然反襯或影響著他們對該對象的認識與信念。

2.3.4 倫理分歧的本質在於「態度上的分歧」

確定倫理分歧的性質是史蒂文森探討分歧的主要目的之一。因此，他隨後提出了一個這樣的問題：當人們爭論什麼是善的時候，是態度上的分歧呢，還是信念上的分歧？在兩種分歧之間，究竟哪一種分歧更為根本呢？

史蒂文森正確地指出，長期以來，人們企圖把規範倫理學完全變成科學，習慣於按照科學方式處理倫理道德問題；態度雖然是引起倫理爭論的因素之一，但長期以來卻是在倫理分析中受到最嚴重忽視的因素。以往的倫理學理論大多認為倫理分歧是信念上的分歧，把倫理分歧的本質說成是信念上的分歧與對立。如自然主義者把倫理判斷等同於某種類型的科學陳述，從而把規範倫理學當成了科學

---

❷ C. L. Stevenson: *Ethics and Language*, Yale University Press, 1944, p. 136.

的一個分支。即使像里查茲、休謨、培里等等這樣強調情緒、情感、興趣的倫理學家，強調信念上的分歧也並不少於強調其他分歧；雖然他們涉及到了態度，但實際上強調的也僅僅是關於態度的信念(belief about attitude)上的分歧，這種分歧涉及的實際上是心理事實或經驗事實，如里查茲的願望（或欲望）之實現，或妨礙願望（或欲望）之實現；培里的興趣之滿足等。

史蒂文森寫道：

> 這裡不能否認而只能感激地承認培里對興趣所作的心理研究。但本書必須常常反對那種把道德判斷與關於興趣的心理陳述不加限制地予以等同的做法。……它忽視了理論家們已經發現是最令人頭痛的倫理意思。培里忽視了態度的一致的分歧，僅僅強調了關於態度的信念的一致和分歧，從而使得規範倫理學變成了自然科學的直接分枝，並因此使得倫理學方法論具有一種虛假的必然性。[24]

也就是說，這裡涉及的仍然僅僅只是信念上的分歧，而很少涉及到真正的態度上的分歧，因而仍然是把倫理問題當作科學問題來對待，從而也就無法揭示道德分歧的真正性質。

實際上，「當倫理問題引起爭論時，它們涉及的是具有二元性的分歧」[25]，即既包含信念因素，也包含態度因素。只有仔細地分

---

[24] C. L. Stevenson: *Ethics and Language*, Yale University Press, 1944, p. 268. 順便說一句，後來，史蒂文森指出，培里的諸如此類說法，都不過是勸導性定義的一個典型的例子。

[25] C. L. Stevenson: *Ethics and Language*, Yale University Press, 1944,

辨出這兩個因素，既不強調前者而排斥後者，也不強調後者而排斥前者，才能揭示道德術語的各種功能，才能清楚地認識倫理學方法與自然科學方法的異同，並從而完成倫理學的中心任務——甚至可以說是「真正的」問題——通過詳細地闡明信念與態度是怎樣發生相互關係的，從而把握現實道德的全部內容。

誠然，信念上的分歧是引起道德爭論的因素之一。傳統理論的錯誤並不在於強調了信念上的分歧，其真正的失誤在於忽視了態度上的分歧。而恰恰正是態度上的分歧才是倫理學爭論的顯著特徵，是倫理問題區別於科學問題的根本標誌。史蒂文森一再強調指出，「把道德問題同純科學問題區分開來的，主要就是態度上的分歧。」❷ 例如，一個金融家一直敦促其財產委託人支持任何他們認為有價值的慈善事業。但一個委託人建議應該為窮人提供醫療設施。另一個委託人則建議向大學投資。於是他們之間就產生了一個在現有條件下哪項事業更有價值的道德問題。他們的態度決定著爭論如何進行、問題如何解決。史蒂文森為了更明確地說明這一點，還舉了一個例子：某公司的工會代表提出，為了公正起見，應該提高工人的工資；而資方則認為工人要求提高工資是不應該的。這一具有倫理色彩的分歧顯然包含態度上的分歧。儘管爭論雙方對近期生活費用的上漲程度、公司的利潤收益等問題具有不同認識，但態度上的分歧在爭論中無疑居於支配地位。對態度上的分歧的強調與分析，也正是史蒂文森情緒主義倫理學的特點與突出貢獻之所在。

更一般地，史蒂文森進一步指出，態度上的分歧是激發道德爭

p. 11.

❷　C. L. Stevenson: *Ethics and Language*, Yale University Press, 1944, p. 13.

論、並在爭論中具有支配地位的因素。

　　首先，態度上的分歧標誌著倫理分歧或爭論的產生。例如，當人們對某人是否說了謊這一事實發生爭執時，這還不是嚴格意義上的倫理分歧，而只有當人們針對他說謊對不對、應該不應該發生爭執時，倫理分歧才產生了。

　　其次，態度決定著哪些信念與爭論相關。「只有那些與態度有關的信念才會被提出，而其他信念不管其本身多麼有趣，也都與所討論的道德問題不相干」。❷當工會要求公司增加工資的時候，假若公司堅持說，50年前的工資水準比現在低得多，工會將會立刻論證說，這種論點即使是真的，也是無關的。它之所以與爭論無關，是因為50年前的工資水平是在完全不同的環境下的，它對目前雙方的態度都沒有影響。由於信念和態度處於因果關係中，信念的改變常常引起態度的改變，所以只有那些有可能導致某一方態度轉變，從而可以調和態度對立的信念才能被恰當地引入爭論之中。例如，對生活費用上漲、公司財政狀況增加等事實的看法，則有可能使工人和資方達到對提高工資的一致態度，從而可能成為爭論的一個組成部分。

　　再次，態度一致是倫理分歧解決或爭論結束的標誌。當態度上的分歧解決之後，即使確實還存在大量的信念上的分歧，但倫理學上的爭論通常也就結束了。假如公司欣然同意工人的要求，那麼儘管在一些問題上，如對生活費用上漲幅度等仍有信念上的分歧，工會仍會贊成結束這場爭論。反過來，即使對道德爭論中所涉及的事實問題雙方都有一致的看法，但雙方的態度依然可以相互對立。在

---

❷　C. L. Stevenson: *Ethics and Language*, Yale University Press, 1944, p. 14.

這種情況下，雙方都不會感到他們之間的爭論已經成功地結束了。這時要使問題得到解決，雙方必須或援引其他事實，或求助於熱情的言詞打動對方的感情尋求態度一致，或服從於某一權威（如法院）的裁決，否則必將陷入無休無止的爭論僵局。再如前述事例中，若兩個委託人都贊同向大學贈款，儘管他們在諸如教育的社會效果等信念上仍有分歧，他們的道德爭論與衝突也就結束了。否則，即使對道德爭論中所涉及的事實問題雙方都有一致的看法，他們之間的態度依然可以互相對立。所以，史蒂文森認為：「態度上的一致和分歧是倫理學的本質特徵。」❷⓼

態度上的一致和分歧是倫理學的本質特徵，這即使在道德判斷相對孤立、並且並不導致任何公開的討論時，也是顯而易見的。例如，如果一個人總是喋喋不休地談論自己的優點，告訴人們他是一個多麼好的人，並且堅持說他總是履行自己的義務，我們就常常會懷疑他是否正在掩蓋某種低下的隱情。因為我們會想，如果他真的相信自己沒有什麼過失之處，沒有什麼不可告人的事，他就不會處心積慮地尋求我們的讚許，就不至於不得不直接使用道德判斷引導我們對他持贊成態度，以增強其自尊了。他或許是認為我們的態度也許與他自己對自尊的態度不相容，並且試圖用這樣不甚高明的方法，將我們的態度改變成某種對他更尊敬的形式。

2.4　道德一致的性質

關於倫理的「一致」的區分與倫理「分歧」相類似，只不過一

---

❷⓼　C. L. Stevenson: *Ethics and Language*, Yale University Press, 1944, p. 17.

個是肯定性述語，一個是否定性述語。倫理一致既可以指相同的態度，也可以指相同的信念。但信念上的一致，包括關於態度的信念上的一致，也是與態度上的一致不同的，必須嚴格加以區分。

　　史蒂文森認為，「道德判斷不僅要求信念一致，而且要求態度一致」。如果爭論雙方通過爭論所達到的僅僅是事實一致或信念一致，就理論可能性而言，他們依然可以各行其是，而不犯任何邏輯和經驗的錯誤。畢竟，在現實中，面對同樣的對象、同樣的事實，人們的道德態度是可能大相逕庭的。

　　史蒂文森具體地分析了倫理一致的四種基本類型。

　　類型1：人們對同一對象的內在價值判斷達到一致。即不論他們在關於對象的整體價值的判斷如何，只要他們一致贊同該對象的內在價值（即目的善），便能在態度上趨於一致。如圖：

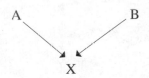

　　如圖所示，A、B兩人一致贊同X具有內在價值。如就整個人類來說，種族保存就是每個人所共同趨向的目的，對這一目的人們就可以達到一致的贊同。

　　類型2：人們對同一對象的外在價值判斷（手段善）達到一致。即是說，當A、B兩人一致贊同某一對象X的內在價值（目的善），同時又認可另一對象Y有利於或能夠導致目的善的時候，便可達到對Y對象所具有的手段善的一致贊同。如圖：

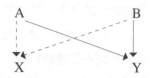

如圖所示，A、B兩人由一致贊同Y具有的內在價值，從而一致贊同X的外在價值。如當人們一致認同種族保存這一內在價值時，在道德實踐中，他們便可能對達到這一目的的手段的一致，如相信集權或民主政體是達到這一目的的手段。

類型3：人們贊同某一對象，但各自贊同的意義不同，如A把該對象作為一種具有內在價值（目的善）的事物來贊同，而B則把它作為外在價值（手段善）的對象來贊同。如圖：

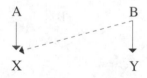

如圖所示，A、B兩人關於X的價值表現出「相反一致」，即A認為X具有內在價值，B認為X具有外在價值，但在X具有價值這一點上是一致的。例如，假設貴族們的唯一目的是使他們自己的那個階級生存下去(X)，平民們的唯一目的是使他們自己的那個階級生存下來(Y)。只要平民沒有看到貴族的生存與自己生存之間的關係，就不會承認貴族的生存是善的；但當平民認識到兩個階級的生存相互依賴時，平民終於贊成了貴族的生存是自己生存的一個手段。

類型4：A贊同Y是內在善的，但對Z卻毫不關心；B贊同Z是內

在善的，但對Y卻毫不關心。但如果他們分別相信X能夠導致Y或Z
的話，那麼他們會一致同意X是有外在價值（手段善）的，即作為
他們相互分離的目的Y或Z來說，X同時具有手段善。如圖：

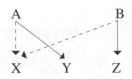

　　如圖所示，A、B兩人關於X具有外在價值的一致，並不依賴於
關於內在價值的一致。例如，對於利己主義倫理學來說，每個人的
利益就是他自己的目的，這就產生了一種「分離目的」，如何使這
些「分離目的」趨於一致，是歷代倫理學家們苦苦思索的難題。史
蒂文森認為，我們需要的並不是以「共合目的」去排斥「分離目的」，
即不必簡單地以利他主義或整體主義去排斥利己主義或個人主義，
關鍵在於從這種目的的分離中去尋求它們的一致因素。這就是人們
在對於手段善或外在價值方面趨於一致，甚至是間接的在分離目的
之外的一致。如對於個人生存這一目的來說，雖然有許多直接的必
要手段，但也有間接手段。和平對於整個人類來說是維持生存的必
要手段，對每個個人也同樣如此。因此，在對於和平本身所具有的
外在價值上，每個人就不難達到一致。

　　除了上述四種基本類型的倫理一致以外，還存在兩種特殊的態
度上的一致。一種是「複雜的態度上的一致」，它是指在日常的實
際生活中，人們的道德態度並不一定是分別以前面四種類型表達出
來的；相反地，各種類型往往同時發生、互相滲透，這種同時發生
又相互滲透的態度一致就叫做複雜的態度上的一致。如圖：

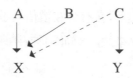

在這種情形中，A、B、C都一致贊同X，但A、B的一致是第一種類型的一致（即在目的善上的一致），而A和C或B和C的一致卻是第三種類型的。

另一種類型的態度上的一致，它是兩種或多種類型的同時重疊和結合，我們可將它稱之為「混合的態度一致」。如圖：

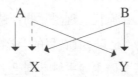

由上可見，史蒂文森對倫理一致（主要是態度上的一致）的分析，與它有關倫理分歧的分析是相互對應、互相聯繫的。這種分析的方式無疑超過了以前所有的情緒主義者，他不但克服了極端情緒主義者的片面性，而且無論是在形式上，還是在內容上，都比他的先行者們的論述更為豐富和系統，也更為符合實際。

2.5　簡要的回顧與評價

倫理爭論是史蒂文森倫理學研究的出發點,關於信念和態度、信念上的分歧和態度上的分歧的區分，是史蒂文森倫理學的基石。

因此，這一部分內容儘管在史蒂文森倫理學著作中所占份額不大，但在其倫理學體系中卻占有非常重要的地位。

回顧史蒂文森關於倫理分歧和一致的學說，確實充滿了獨到見解。簡明扼要地、具體地看，這可以從以下幾方面突出地體現出來：

首先，史蒂文森駁斥了極端情緒主義者關於倫理判斷是沒有意義的、無所謂真假的、沒有什麼好爭論的觀點。道德問題不屬於知識領域而屬於情緒、情感和態度領域，這是倫理學非認識主義特別是情緒主義的基本觀點。比如，羅素就認為，科學只講真偽，不管善惡，人們對價值問題的不同看法，就像人們對食物有不同的口味一樣。而極端情緒主義者艾耶爾更是明確地說：「我們從未真正地為價值問題而爭論」，我們關於一切問題的爭論，實際上都是關於事實的爭論；在一個道德爭論中，如果我們不能指出對手犯了某個事實錯誤，那麼，我們就應該放棄說服他的念頭。而且，「當我們開始觸及到純粹價值問題的時候」，理性往往顯得蒼白無力，從而只能憑藉對個人的「攻擊和謾罵」來進行。但史蒂文森認為，諸如「趣味無爭辯」等格言，只是在狹義上理解才是適當的。如果我們把這一格言推而廣之，擴展到一切社會生活領域，那顯然是很難讓人接受的。特別地，在一個社會中，人與人之間是相互依存的，相互制約的，任何人都不能完全無視他人地、隨心所欲地「自由」生活，生活本身需要一定的社會行為標準和規範。例如，如果一個人贊成戰爭，另一個人維護和平，由於他們的態度與其生活方式密切相關，他們之間不可能和平相處，這時就不可能不爭論了。而且不僅要爭論，甚至還要求得態度上的一致。同時，由於人們常常面臨許多行為選擇，面臨著內心的道德衝突，這時，甚至人們自己與自己也是不可能不爭論的。因此，可以說，倫理爭論是一種普遍的社

會現象。對於人們的道德生活來說也是一種無法忽視的社會現象。只有當一個人「冷眼看世界、漠然觀人生」， 真正的無欲無求，並且不太影響他人、社會，他自己也無意改變生活的現狀與進程時，才可以是「不可爭論」的。

其次，史蒂文森儘管接受了情緒主義者區分「科學」與「道德」、「事實」與「價值」、「認知」與「情緒」等這一基本立場，並用「信念」與「態度」來具體地表示它，但不同意將它們絕對對立起來的做法。他認為，信念與態度是存在密切的相互聯繫的。一方面，具體道德問題，或者說態度與信念有著密切聯繫，「如果不想愚昧無知地評價一個對象，就必須通過這個對象活生生的實際前後關係去仔細地觀察它。」[29] 幾乎所有的信念都與道德具有這樣那樣的關係，當然，要具體地確定與某種對象相關的信念可能是很複雜的。人們對某一事物的信念變了，也可能會引起人們的態度的變化。另一方面，對對象的各種不同的評價，人們的各種具體的態度，對哪些信念能夠進入人們的視野，受到人們的關注，具有著一定的影響。「我們的態度使我們沉迷於希望的思考之中，而且因為態度會導致我們抑制或發展某些信念，這些信念可以向我們揭示出達到既定目標的手段。」[30] 總之，史蒂文森關於信念和態度關係的學說，特別是他的比較系統的理論論證，克服了極端情緒主義完全否認和排除道德領域中理性認識因素的片面性，以及對人們在價值判斷活動中所遇到的矛盾現象的簡單歸結，使道德情緒論與理性認識論保持某種

---

[29] C. L. Stevenson: *Ethics and Language*, Yale University Press, 1944, pp. 11–12.

[30] C. L. Stevenson: *Ethics and Language*, Yale University Press, 1944, p. 5.

形式上的聯繫，也使其倫理學表現出特別明顯的溫和傾向與調和色彩，從而完成了倫理學從以理性為依據、以信念為中心的傳統觀念，向以情緒為依據、以態度為中心的所謂新觀念的轉變。

無論如何，正是在科學與道德、信念與態度這個基本問題上，史蒂文森摒棄了早期極端情緒主義者的那些過激觀點。他在信念與態度的關係上，尤其是在信念、態度對道德的意義上，重新認可了事實、信念的意義。他從常識出發，不否認信念、知識、科學方法在道德領域的地位和作用；但出於其情緒主義理論體系的需要，又不能不突出強調態度、情緒，從而造成了其理論的內在矛盾。這一矛盾貫穿在他的全部學說之中，表現在他對道德術語的意義、功能和解決道德分歧的方法論等問題的基本觀點上。他在道德分歧的性質探討中所得出的基本結論，也都深深地打著這種溫和情緒主義的烙印。

再次，史蒂文森對科學研究和日常生活中的種種分歧進行了認真的考查，獨創性地提出了著名的兩種分歧——「信念上的分歧」和「態度上的分歧」——的理論，對情緒主義倫理學作出了很具特色的貢獻。所謂「信念上的分歧」，涉及的是人們對真實情況的認識和判斷上的分歧，如醫生們對同一種病因的不同看法的分歧，朋友們對於上次見面的確切日期的記憶的分歧；而「態度上的分歧」則是對事態的某種評價，即意願、需要、愛好、欲望等的不同。史蒂文森認為，信念上的分歧與態度上的分歧是兩種性質完全不同的分歧：前者是信念上的對立，涉及怎樣如實地描述和解釋事物的問題，對立雙方不可能同真；後者是態度的對立，涉及贊成或不贊成以及怎樣通過人的努力形成或阻止某事的問題，對立雙方不可能都滿意。

史蒂文森比較全面地洞見到了倫理學中人們的態度上的分歧與其信念上的分歧之間的聯繫，他指出，兩種分歧實際上是相互聯繫、相互影響、相互滲透的。現實活動中出現的倫理爭論常常不是只包含某一個方面的分歧，完全排斥另一種分歧，而是二者兼存的，因而我們不能把自己的信念和態度截然區分開來。一方面，人們的態度常常影響著其信念，態度常常使人們沉迷於希望的思考之中。另一方面，我們的信念也常常影響著我們的態度，這一點對於史蒂文森也極為重要，是其情緒主義理論的支柱之一——勸導性定義成立的基礎。

他把信念作為態度的基礎和「嚮導」，這與一般把道德與認知截然分割開來的極端情緒論是大相逕庭的，而且也是比較合乎實際的。當然，史蒂文森也沒有放棄情緒主義的基本立場，他仍然堅持了科學和道德、信念與態度之間的對立與區分，並作為自己研究的基礎。

第四，史蒂文森深刻地指出，倫理分歧的本質在於「態度上的分歧」。這對於人們正確地認識道德現象，有效地解決人們之間的倫理分歧，是有重要指導意義的。

史蒂文森指出，長期以來，人們企圖把規範倫理學完全變成科學，習慣於按照科學方式處理倫理道德問題；態度雖然是引起倫理爭論的因素之一，但長期以來卻是在倫理分析中受到最嚴重忽視的因素。以往的倫理學理論大多認為倫理分歧是信念上的分歧，把倫理分歧的本質說成是信念上的分歧與對立。如自然主義者把倫理判斷等同於某種類型的科學陳述，從而把規範倫理學當成了科學的一個分支。即使像里查茲、休謨、培里等等這樣強調情緒、情感、興趣的倫理學家，強調信念上的分歧也並不少於強調其他分歧；雖然他們涉及到了態度，但實際上強調的也僅僅是關於態度的信念

(belief about attitude)分歧,這種分歧涉及的實際上是心理事實或經驗事實,如里查茲的願望（或欲望）之滿足,或妨礙願望（或欲望）之滿足。也就是說,這裡涉及的仍然僅僅只是信念上的分歧,而很少涉及到態度上的分歧,因而仍然是把倫理問題當作科學問題來對待,從而也就無法揭示道德分歧的真正性質。

實際上,「當倫理問題引起爭論時,它們涉及的是具有二元性的分歧」❸,即既包含信念因素,也包含態度因素。只有仔細地分辨出這兩個因素,既不強調前者而排斥後者,也不強調後者而排斥前者,才能揭示道德術語的各種功能,才能清楚地認識倫理學方法與自然科學方法的異同,並從而完成倫理學的中心任務:通過詳細地闡明信念與態度是怎樣發生相互關係的,從而把握現實道德的全部內容。

史蒂文森認為,傳統理論的錯誤並不在於強調了信念上的分歧,其真正的失誤在於忽視了態度上的分歧。信念上的分歧誠然是引起道德爭論的因素之一,但態度上的分歧才是倫理學爭論的顯著特徵,是倫理問題區別於科學問題的根本標誌。更進一步,態度上的分歧是激發道德爭論、並在爭論中具有支配地位的因素:態度上的分歧標誌著倫理分歧或爭論的產生;態度決定著哪些信念與爭論相關;態度一致是倫理分歧解決或爭論結束的標誌。當態度上的分歧解決之後,即使確實還存在大量的信念上的分歧,但倫理學上的爭論通常也就結束了。

在史蒂文森看來,態度上的分歧是倫理分歧的本質,這不僅是研究的結果,而且具有廣泛的方法論意義,只有把握態度這個中心

❸　C. L. Stevenson: *Ethics and Language*, Yale University Press, 1944, p. 11.

環節，以往倫理學中一切爭論不休的問題，都可以迎刃而解。他認為，規範倫理學不是任何科學的分支，它具有自己獨特的態度、情緒、情感領域。倫理學所論述的性質正是任何科學所竭力加以避免的，前者研究主觀態度，後者探討客觀聯繫，道德家的目標是更改人們的態度，是一種行動而不是一種知識，科學家要闡明事物的因果聯繫，是知識而不是行動。這些觀點一方面力圖正確把握道德區別於科學的特點，另一方面卻把這種特點歸結為態度，因而剝奪了規範倫理學的科學性，最終不但不能調和信念與態度的人為分離和對立，反而走向了倫理學的非認識主義。

最後，還應該指出的是，儘管史蒂文森的分析帶有濃厚的形式主義色彩，但這種形式裡面卻包含著一定的道德現實內容。他始終認為，道德分析必須建立在人們的現實行為基礎之上，必須以人們的日常生活為基礎，而反對那種閉門造車式的分析或研究。史蒂文森聲稱，他的倫理學研究是建立在「對日常生活的倫理爭論的觀察」基礎之上的，並且也只有深入到這一根源中才能加以說明和證實❷。在現實的道德生活中，人們的道德爭論往往起因於倫理分歧，因此，關於「分歧」的研究便成為史蒂文森倫理學研究中最具現實意義的部分之一。

此外，他關於「共合目的」與「分離目的」的分析，實質上反映出道德利他主義和利己主義、整體主義和個人主義的道德關係的見解；他對內在價值和外在價值，目的善和手段善的一致形式和達到一致的途徑的探討，也時刻指向活生生的現實價值關係；這一切，使史蒂文森的抽象思辨的情緒主義具有了某種現實意義。

---

❷　C. L. Stevenson: *Ethics and Language*, Yale University Press, 1944, p.13.

第三章　道德語言的意義和功能

　　自摩爾、維特根斯坦以來，現代後設倫理學家大都把倫理學與語言的關係視為自己研究的主題，史蒂文森也是如此。他指出，「如果我們想比較詳細地理解倫理學，防止道德問題出現混亂，並對其進行簡便的研究，就必須始終注意道德語言和使道德語言具有特殊功能的邏輯和心理因素。」❶他的第一部也是最重要的一部倫理學著作，就直接命名為《倫理學與語言》，這也可見他對道德語言的分析的高度重視。

　　史蒂文森發現，倫理道德問題，特別是倫理爭論常常會因為人們所使用的語言不同，或對語言的理解不同，彼此間無法溝通而不了了之。對於「這是善的嗎?」「這個比那個更好嗎?」之類倫理問題，史蒂文森承襲了邏輯實證主義的觀點，認為這些問題之所以困難，部分原因是因為我們對語言的使用很混亂，以致我們不是很清楚，到底我們在問什麼，到底我們要達到什麼目的。就如同「大海撈針」的時候，我們甚至不知道「針」是什麼。因此，首要的問題便應該是審查問題本身，即或者通過定義表達問題的道德語言，或者通過任何其他的方法，我們必須使問題清晰一些、明確一些。

---

❶　C. L. Stevenson: *Ethics and Language*, Yale University Press, 1944, p. 37.

圍繞著倫理學與語言的關係,特別是倫理語詞的意義和功能,幾乎所有的後設倫理學先驅都提出了自己的見解。但史蒂文森的分析、探討與結論,特別是關於倫理語詞的意義與功能的分析,卻有著很多突出地與眾不同的地方。這裡我們就對此作一番闡述與分析。

3.1 歷史背景

在評述史蒂文森對道德語言的意義與功能所作的研究時,將之置於一個相對的歷史背景之下加以考察,是十分必要的。

史蒂文森走上學術舞臺、從事學術研究的時候,正是後設倫理學占據了倫理學講壇、邏輯實證主義(情緒主義倫理學)風行一時之時。後設倫理學的創立者摩爾、以及情緒主義先驅們的思想,對史蒂文森的學術道路、特別是對其道德語言的意義與功能的後設倫理學層次上的分析,具有十分重要的影響。他的研究,正如他自己也多次承認過的,不過是這些先行者們的思想的繼承和發展。

3.1.1 摩爾對史蒂文森的影響

1903年,摩爾的《倫理學原理》在劍橋出版了。這本書很快流傳開來,特別是從 20 世紀 20 年代起在倫理學界產生了巨大的影響。在這部「標誌著20世紀倫理學革命的開端」的著作中,倫理學直覺主義者 G. E. 摩爾對從前的一切有影響的倫理學思想和流派進行了駁難,並對道德語詞特別是「善」進行了精微的分析。

在該書的序言中,摩爾表達了對於傳統倫理學研究方式的不滿,從而引出了對於倫理問題進行分析的必要性。摩爾說:

照我看來，在倫理學上，正像在一切哲學學科上一樣，充滿
著歷史的困難和爭論主要是由於一個十分簡單的原因，即由
於不首先去精確發現你所希望回答的是什麼問題，就試圖作
答。……哲學家們……總是不斷力求證明「是」或者「不」
可以解答各問題；而對這類問題來說，這兩種答案都不是正
確的，因為事實上他們心裡想的不是一個，而是幾個問題，
其中某些的正確答案是「不」，而另一些是「是」。❷

就摩爾本人的意圖來說，大致是這樣的：鑒於倫理學史上的各
派倫理學說對道德規範、道德標準爭論不休，無法形成一種被普遍
接受的理論，因此，倫理學的研究對象和方法必須有所改變、有所
突破；只有把對倫理概念、判斷的邏輯分析作為倫理學的首要任務，
才能建立起「能以科學自命的倫理學」，這樣的倫理學才具有普遍
性和客觀性。

摩爾的這種後設倫理學分析首先集中火力批判了自然主義倫
理學，即某種用自然屬性去規定或說明道德的理論。摩爾認為，「善」
之類基本概念是單純的、終極的、不可分析的，它是不能定義的。
而自然主義倫理學認為，道德之善惡就是事物的自然屬性，即事物
的可經驗地加以觀察的屬性，如快樂、幸福（功利主義）；較進化
的行為（進化倫理學）；興趣（培里）等等物理的或心理的經驗事
實。或者說，所有的道德屬性都能借助事實來定義，或者翻譯為事
實的屬性，如「某人的行為是錯誤的」，就可翻譯為「某人的行為
與其家庭及所處文化所奉行的行為理想相牴觸」這樣一個原則上可

---

❷　摩爾：《倫理學原理》，商務印書館1983年版，第1頁。G. E. Moore:
　　Principia Ethica, Cambridge University Press, 1903,preface.

證實的事實判斷。摩爾認為，當人們用自然主義術語來給「善」下
定義時，都將犯「自然主義謬誤」。──所謂「自然主義謬誤」，就是
在本質上混淆善與善的事物，並以分析性的自然性事實或超自然的
實在來規定、定義善的各種倫理觀點。

　　摩爾的「善不可定義」、「自然主義謬誤」等思想，連同他的分
析方法（特別是對「善」這一概念的精深分析），　使他的倫理學成
為20世紀西方倫理學革命的開端，開創了分析倫理學或者說後設倫
理學之先河，並影響了西方倫理學的發展方向。自摩爾始，傳統的
自然主義倫理學等日趨式微，一時間，倫理學家們都變得小心翼翼
起來，且大多都拒絕討論倫理規範、以及具體的倫理行為，大都避
免對具體的道德問題發表意見，以免犯下「自然主義謬誤」；　西方
倫理學出現了一個影響深遠的轉折，即逐漸轉向對道德語言進行邏
輯語言分析，也即出現了後設倫理學占主導地位的傾向。

　　史蒂文森的情緒主義倫理學無疑也是這種影響下的直接產物。
1930年，當史蒂文森來到大西洋彼岸的英國劍橋大學深造時，他本
來是希望繼續自己的英國文學方面的學習與研究的。這時候，摩爾
的後設倫理學已占據了大學的講壇，正是由於受到當時正在此任教
的著名倫理學家摩爾及其後設倫理學思想等的影響，他才轉向了倫
理學，從此成為摩爾的學生，也成為摩爾思想的繼承與發揚者。遵
循摩爾開創的後設倫理學傳統，受摩爾注重對分析「善」這一倫理
學基本概念的影響，史蒂文森也特別注重對「善」這一概念的分析。
他把倫理學的中心問題明確地轉變為：「什麼是善的？」之類道德判
斷的意義如何？試圖借助於後設倫理學分析，特別是語言分析方法
與手段，弄清「善」、「正當」、「公正」、「應該」之類道德概念、「什
麼是善的？」「A比B更好」之類道德判斷的「真實」涵義，從而澄清

規範倫理學面臨的種種混亂，為具體的規範倫理學研究提供必要的工具和方法。

史蒂文森不愧是摩爾思想的繼承和發揚者。在如何運用後設倫理學分析方法，如何處理規範倫理學和後設倫理學的關係上，史蒂文森甚至做得遠比摩爾更徹底、更「純正」，或者說比摩爾走得更遠。摩爾儘管創立了倫理學分析方法，特別是注重對「善」這一關鍵性概念的分析，但正如瑪麗・沃諾克 (Mary Warnock, 1924~) 在《1900年以來的倫理學》中指出的：「摩爾的興趣並不在於道德的語言。他全然不關心『善』這個語詞如何使用。他所感興趣的乃是，哪些事物本身就是善的。」❸ 而且，摩爾並不拒絕對實際生活中指導道德行為的主張發表意見，後來還試圖以其直覺主義方式，重建規範倫理學。而史蒂文森則明顯地對神秘、含混的「直覺」感到不滿意，他的學術旨趣純粹是後設倫理學的，徹底沿著摩爾的「分析」思路深入下去，他把道德語言分析作為自己最重要的工作，而並不特別關注具體的道德規範、道德選擇，並不注意尋找評價人們的行為是否正當的標準。當然，道德語言分析也是他被公認為最有成就、最具貢獻的領域。

3.1.2　情緒主義思想先驅的影響

從情緒、情感出發來理解、解釋道德現象（包括道德語言現象），這在西方具有悠久的傳統。古希臘人就已經認識到道德與情緒、情感的密切關係，認為道德判斷所表達的讚揚或貶抑的情緒、

---

❸　瑪麗・沃諾克：《1900年以來的倫理學》，商務印書館1987年版，第133頁。Mary Warnock: *Ethics Since 1900*, Oxford University Press, Third edition, 1978, p. 133.

情感，會影響人的行動。作為一種影響巨大的倫理學思想流派，從其起源而論，情緒主義是對於語言的功能和意義進行分析的產物。1923年，英國的兩位語義學家奧格登(C. K. Ogden, 1889~1957)和理查茲(I. A. Richards, 1893~1979)在其《意義的意義》一書中，表述了作為後來情緒主義基本原則的觀點。他們寫道（史蒂文森在《倫理學與語言》的扉頁上，特別引用了這段著名的話）：

> 「善」被認為是一個獨特的、不可分析的概念……（這個概念）是倫理學的主題。我們認為，「善」的這一獨特的倫理用法是一種純情緒的用法。當這個詞被這樣使用時，它不代表任何意義，也不具有任何符號功能。因此，當我們在「這是善的」這個句子中使用它時，我們所指涉的僅僅是「這」，而加於其上的「是善的」這個短語，對我們所指稱的對象並沒有造成什麼差別。與此不同，當我們說「這是紅的」時，把「是紅的」加於這之上，則標誌著我們指稱的對象擴展到了另外某一紅的東西上。但是，「是善的」不具有可比較的標示功能，它只是用作一種情緒記號，表達我們對於「這」的態度，也許還在他人身上喚起同樣的態度，或者激勵他們採取某種行動。……當然，如果我們把「善」定義為「我們所贊成的東西」，或者當我們說「這是善的」時，我們下任何這樣的定義，那麼，我們也就是在做出一個斷言。在我們看來，所謂不可定義的「善」，不過是一個純情緒記號而已。人們所說的任何善之定義都無法涵蓋的「其他東西」，就是這個詞的情緒感染力。❹

❹　C. K. Ogden and I. A. Richards: *The Meaning of Meaning*, Kegan Paul,

也就是說，語言符號既有指稱外部事物、記錄經驗事實的功能，又有表達或激化情緒或情感的功能；而「善」這個概念是獨特的，不可分析的，因為它只有一種純情緒的用法。

1934年，W. H. F. 巴勒斯(W. H. F. Barnes)在《分析》雜誌的一篇短文中指出，「價值判斷本來就不是嚴格的判斷，它們不過是關於贊成的具有感情色彩的表達。」❺

作為情緒主義學派最傑出的代表，史蒂文森的思想當然是與早期情緒主義者──這其中有我們前面提到過的維特根斯坦，以及羅素、卡爾納普(R. Carnap, 1891~1970)、艾耶爾等人──密切相連的。英國經驗主義哲學家休謨是情緒主義倫理學的直接思想先驅，作為情緒主義學派的傑出代表，史蒂文森的思想也深受休謨的影響。

休謨認為，道德並不是理性的對象，善惡並不是可以理證的，而不過是人們在觀察一定行為或認識與思考一定對象時，在心中所產生的感覺、情緒與情感。休謨指出：

> 道德概念意味著某種全人類共同的情感，這種情感能夠使同一對象獲得普遍的滿意感覺，並使每一個人或大多數人對它形成一致的意見或決定。❻
>
> 當你斷定任何行為或品格是惡的時候，你的意思只是說，由於你的天性或結構，你在思考那種行為或品格時，產生了一

London, 1923, p. 125.

❺　轉引自 W. D. Hudson: *Modern Moral Philosophy*, Garden City, N. Y: Doubleday, 1970, p. 114.

❻　轉引自：C. L. Stevenson: *Ethics and Language*, Yale University Press, 1944, p. 274.

種責備的感覺或情緒。❼

以公認為罪惡的故意殺人為例。你可以在一切觀點下考慮它，看看你能否發現出你所謂惡的任何事實或實際存在來。不論你在哪個觀點下觀察它，你只發現一些情感、動機、意志和思想。這裡再沒有其他事實。你如果只是繼續考究對象，你就完全看不到惡。除非等到你反省自己內心，感到自己心中對那種行為發生一種譴責的情緒，你永遠也不能發現惡。這是一個事實，不過這個事實是感情的對象，不是理性的對象。它就在你心中，而不在對象之內。……因此，惡和德可以比作聲音、顏色、冷熱，按照近代哲學來說，這些都不是對象的性質，而是心中的知覺。❽

這比較明確地提示了道德概念所蘊含的情緒意義。人的行為的善惡等只受愉快或不愉快的情緒或情感的支配或指導，理性作為「情感的奴隸」，在道德行為中，只是為情感服務的。休謨的上述思想，成為情緒主義者（包括史蒂文森）的直接思想來源。

情緒主義者正是吸收了休謨關於情緒、情感與理性、道德與情緒、情感論的主張，以及奧格登和理查茲關於語言的標示、描述功能與表達情緒、情感的功能的區分，並加以進一步發展而逐步建立

---

❼ 休謨：《人性論》下冊，商務印書館1980年版，第509頁。David Hume: *A Treatise of Human Nature*, L.A. Selby-Bigge, M.A. Oxford, 1946, p. 469.

❽ 休謨：《人性論》下冊，商務印書館1980年版，第508–509頁。David Hume: *A Treatise of Human Nature*, L.A. Selby-Bigge, M.A. Oxford, 1946, pp. 468–469.

起來的。

　　當然，真正作為一種哲學主張，情緒主義與邏輯實證主義是一脈相承的。邏輯實證主義是現代情緒主義倫理學的哲學基礎。邏輯實證主義認為，哲學的根本任務就是進行邏輯與語言分析，亦即對哲學命題的表達形式的分析，如討論哲學語言的邏輯、結構、功能、界限和它所指稱的意義等內容。對倫理表達的語言的意義，邏輯實證主義認為，必須訴諸「可證實性原則」，即只有通過經驗直接或間接證實，或與邏輯和數學規則相符合的、具有嚴密邏輯必然性的命題或判斷，才是有意義的。依據其「可證實性原則」，通過對倫理語言的嚴格的邏輯分析，邏輯實證主義者認為，倫理概念和倫理判斷不過是人們情緒、情感、態度和欲望等的表達，它們本身不是分析的，也不能如事實判斷一樣訴諸於經驗事實，甚至也不能簡單地分解或還原為經驗上可加以證實或證偽的事實判斷，從而不具有經驗上的可證實性。例如，在《宗教與科學》中，羅素指出：

　　　　宗教的捍衛者們斷言，關於「價值」的問題，也就是說關於善或惡本身——不論其效果怎樣——是什麼的問題，是在科學的範圍之外的問題。我認為，在這一點上他們說的是對的。但我還進一步得出了他們沒有得出的結論，即關於「價值」的問題是完全處於知識範圍之外的問題。
　　　　當一個人說「這本身是善的」時……他的意思是說……「要是大家都想要它，那該多好！」……（這樣一個陳述）未作任何斷言，而只是表示了一種願望。既然它什麼也沒有斷定，因此從邏輯上說，就不可能有任何支持或反對它的證據；或者說，它既不會是真理，也不會是謬誤。

當我們斷言這個或那個具有「價值」時，我們是在表達我們
自己的感情，而不是在表達一個即使我們個人的感情各不相
同，但卻仍然是可靠的事實。 **❾**

在《語言、真理與邏輯》中，艾耶爾(A. J. Ayer, 1910~1989)更
是明確地說：「僅僅表達道德判斷的句子什麼都沒有說，它們純粹
是感情的表達。」**❿**這種僅僅表達情緒、態度的語詞或語句是沒有意
義的。艾耶爾論證說，像「偷錢是錯誤的」這個句子，只不過表達
了我們對於偷竊行為極其不贊成的這種道德感情，即便有人對於偷
竊與我主張不一，這也只是由於我們具有不同道德情操，因而沒有
什麼好爭論的。當然，倫理或價值語詞或詞句有時不僅用作表達情
緒，也用於喚起情緒，並由於喚起情緒而刺激行動，例如「你應該
說真話」這一句子，就不僅表達了一種倫理情緒，而且是在譴責某
人說謊，責成某人說真話。

按照艾耶爾的理論，「他槍殺了他父親！」或者說：「他不應該
槍殺他父親。」 這兩句話的意義是相同的。它們具有同樣的描述意
義，即都指稱一種可真可假的同樣的事實。「他槍殺了他父親！」這
句話末尾的驚嘆號，與第二句話中的「不應該」起著相同作用，即
不贊成「他」的行為。利用某種標點符號、語調、或者動作、面部
表情等，完全可以表達「應該」之類價值或道德術語的意義。卡爾

---

❾ 羅素：《宗教與科學》， 商務印書館1982年版，第123頁。B. Russell:
Religion and Science, Oxford University Press, 1961, pp. 230–231.

❿ A. J. 艾耶爾：《語言、真理與邏輯》，上海譯文出版社1981年版，第123
頁。A. J. Ayer: *Language, Truth and Logic*, Victor Gollancz Ltd,
London, 1955, p. 144.

納普也認為，價值判斷既不是真的，也不是假的，既不能被證明，也不能被證偽。他指出：「一個價值判斷實在說來不過是在迷人的文法形式中的一項命令而已。它可能對人們的行為有影響，而且這些影響也可能符合或不符合我們的願望；但它卻既不是真的，也不是假的。它並沒有斷定什麼，而是既不能證明的，也不能被證偽的。」 **⓫** 之所以這樣，是由於語言使用混亂的結果。

因此，總的來說，倫理或價值概念、判斷不表達任何事實內容，它們沒有任何認識上的用法，因而是不可證實的、無所謂真假的、沒有意義的偽概念、偽判斷，是應該加以拒斥的。

艾耶爾等人的極端情緒主義提出以後，引起了廣泛的批評、指責與駁難。一方面，艾耶爾等人的理論興趣並不在倫理學上，他們的這種情緒論觀點的論證十分簡單、粗糙，結論看起來也十分草率，不能令人滿意、令人信服；另一方面，艾耶爾等人的觀點無疑是十分極端、偏激、富於挑戰性的。他們的那些明顯是過於簡略的論證、過於草率的結論，也實在有些令人不滿，特別是引起不少對之知之不多的人的不快，也難免引起了很多傳統的規範倫理學家的反感、誤解甚至憤怒。有鑒於此，史蒂文森力圖對維特根斯坦、卡爾納普(R. Carnap, 1891~1970)、艾耶爾的極端情緒論加以修正，他既堅持以語言的邏輯分析作為倫理學研究的基點，又避免以純粹的語言科學界限來規定倫理學理論本身，以對情緒主義理論進行學理上的系統思考，對情緒主義倫理學的結論進行縝密的論證、辯護和修正。

正是在這種情況下，史蒂文森提出了一種溫和的情緒主義理論，有人稱之為「態度理論」。這種「態度理論」對道德語言所作

⓫ R. Carnap: *Philosophy and Logical Syntax*, New York: AMS Press, Inc., 1976, p.10.

的分析，被認為是情緒主義相關理論中最詳細、最豐富、最系統、最有創見、也最重要的工作。

3.2 道德語言的兩種意義

關於道德語言的意義的分析，是史蒂文森情緒主義倫理學的核心內容。在這一方面，史蒂文森也提出了許多新的創見。這裡我們就來作一個概略的闡述與分析。

3.2.1 關於「意義」

「意義」是一個十分含混複雜的概念，給它下一個恰當的定義是一件十分困難而令人頭痛的事。但是，當我們研究倫理語詞的情緒意義或描述意義時，作為情緒意義和描述意義的屬概念的「意義」的內涵，是必須首先加以明確的，否則使用「意義」這個術語將會使人誤入歧途。由於史蒂文森關於「意義」的冗長而富於學究氣的闡述與界定十分晦澀難懂，這裡我們只是概要地作一個說明。

在「意義」的各種各樣的含義中，人們習以為常地認為，一個符號的「意義」就是使用這個符號時所指的東西，如奧格登和理查茲的「所指對象」：「餅」的意義是食品，「硬」的意義是堅硬物的特徵，等等。用「所指對象」來代替「意義」一詞，確實常常是很方便的，日常生活中人們也常常是這樣做的。但這種理解卻不可能是我們所要求的屬的意思，因為某些詞，例如「哎呀」、「呸」等，並沒有指謂什麼，即沒有「所指對象」，但史蒂文森認為，它們確實具有一種意義，即情緒意義。

史蒂文森提出，也許理解意義的另一種思路、或者說意義的另

一種含義可能會對我們有幫助。這種理解是依據維特根斯坦等人所開創的意義理論的新進展來作出的。史蒂文森主張，為了了解一個語言片斷的意義，我們不得不了解它在談論中特殊的使用。不過，與日常語言學派哲學家不同，他主要不是從語言使用時遵循的規則或慣例來解釋語言的意義，而是根據使用語言的人（說話者）、或對之使用語言的人（聽話者）的心理過程解釋意義，從而提出了一種被稱為「因果的」或「心理的」意義理論。根據這種理論，語言符號與使用它的人、對之使用語言的人的心理過程之間存在著因果聯繫。

按照這種理解，一個符號的意義必須根據使用該符號的人們的心理反應來定義。它可以被稱為心理學含義上的「意義」；或者莫理斯(C. W. Morris, 1901~1979)的所謂「實用含義上的意義」。如果「意義」的這種含義是足夠清楚的，那麼它是可以作為情緒意義和描述意義的屬的「意義」的，因為人們可以用所涉及的心理過程來區分這些不同種的意義。可不幸的是，「意義」的上述心理學含義恰恰仍然是十分不清楚的。

界定「意義」的一個必要條件，在於符號的意義必須是相對穩定的，否則變幻不定、變化無常，會讓人莫名其妙、無所適從，當然也就不可能加以界定。然而，當我們用伴隨符號所產生的心理反應來定義「意義」時，這裡的反應決不是穩定的，而是發生著從一個情境到另一個情境的劇烈的變化。例如，像「康涅狄克」這一地名，對於一個分撿郵件的郵局職工來說，引起的反應可能只是隨手一擲；而對於一個過去曾經在那兒居住過較長時間的人來說，它卻可能引起一連串的往事回憶。如此變動不居的心理反應，怎能用來定義符號的意義呢？

正像人們不會把「康涅狄克」的意義與其直接的心理反應等同起來一樣，人們也不會把一個感嘆詞的意義，與任何時候都出現在活生生語境中的、有充實內容的情緒等同起來。伴隨的情緒隨著許多不穩定因素（例如聲音、姿勢、情緒、語言等等）的變化而變化，因此與一個詞相伴而生的情緒，在不同的時候，其實際程度和種類總是變動不居的。我們如果把每種這樣的情緒都叫做一種特定的「意義」，那麼就會使「意義」成為一種我們已經決心要避免的難以捉摸的含義。⑫

因此，為了消除心理反應的易變性和意義的穩定性之間的衝突，我們需要尋找到一個用心理反應來定義的術語——這個術語應能夠在心理反應變動不居的情況下，指出某種相對穩定的東西。史蒂文森認為，他找到了這樣一個術語，那就是「傾向性」。

從心理學角度來說，「符號的意義不是任何時候都伴隨符號的某種具體心理過程，而是符號的傾向性。」⑬即當一個人聽到某個符號，受到「刺激」，然後通過某種心理活動過程，在具體情境中作出依伴隨條件的變化而變化的反應。顯然，符號的意義或「傾向性」比符號的心理反應相對穩定一些，有時「伴隨符號的心理過程可能變化，但不一定說符號的意義也發生了相應的變化」⑭。應該注意

---

⑫ C. L. Stevenson: *Ethics and Language*, Yale University Press, 1944, p. 44.

⑬ C. L. Stevenson: *Ethics and Language*, Yale University Press, 1944, p. 54.

⑭ C. L. Stevenson: *Ethics and Language*, Yale University Press, 1944,

的是，意義不僅僅是符號的傾向性，而且也是使用該符號的人所具有的傾向性。就如同糖有溶解於水的傾向，也可以說水有溶解糖的傾向一樣；符號也既有引起人反應的傾向，人同樣也有對符號作出反應的傾向。不過，人們通常把意義歸之於符號，而不歸之於人，所以我們最好還是把傾向歸之於符號。

明顯的，史蒂文森這裡對「意義」、「傾向性」之類的解釋仍是含混的。正如他自己所承認的，他的這些闡述「半是分析，半是類比」❻。但拋開那些過分技術化的細節，透過這「半是分析，半是類比」的解釋，我們大致可以明瞭「意義」的意義：

「這個符號具有某種意義」的完整表達，應是「這個符號對於K類的人來說具有某種意義」，就如同說「X是一個刺激物」的完整表達，是「X對於K類的人來說是一個刺激物」。也正如同X（如氣味）對於某些人（如嚴重的鼻炎患者）是刺激物，而對另一些人不是刺激物一樣，一個符號也可能對某些人有意義，而對另一些人沒有意義。

因此，一個符號的意義，就是在一個人使用符號的種種複雜條件下，符號所具有的影響聽話者的傾向。

3.2.2　語言的兩種用法

隨著邏輯實證主義的衰落，那種認為語言的意義在於它是分析的、或者經驗上可證實的觀點，逐漸受到了越來越多的人的批評。維特根斯坦等人所主張的語言的使用論觀點，即認為詞或語句的意

---

p. 54.

❻　C. L. Stevenson: *Ethics and Language*, Yale University Press, 1944, p. 58.

義在於它們的用法的觀點，在英美哲學界的影響日益擴大。史蒂文森對道德語言的意義的具體分析與研究，繼承了其老師維特根斯坦的衣鉢，也是從語言的用法入手的。

早在1937年，史蒂文森在他的第一篇有影響的論文：〈倫理術語的情緒意義〉中，就區分了語言在日常使用中的兩種不同目的：

> 概要地說，有兩種不同的目的導致我們使用語言。一方面，我們用詞（如在科學中）去記錄、闡明和交流各種信念。另一方面，我們用詞給予我們的感情以發泄渠道（感嘆詞）；或者去創造各種語氣（詩歌）；或者去刺激人們的行動或態度（演講）。❶

史蒂文森認為，關於「善」等倫理學範疇所產生的混亂，正是由於我們沒有充分重視、區別使用語言的兩種根本不同的目的所造成的。有時，我們使用語言是為了記錄、澄清或交流信息，說明個人觀點或傳達某種信仰——語言的這種用法體現了科學的特性。如一個人說「氫是已知的最輕的氣體」，目的是為了讓聽者相信這一陳述。他將這第一種用法稱之為「描述的」。第二種用法可以稱為「動態的」(dynamic)用法，目的在於發泄感情（如在感嘆句中），產生情緒（如在詩中），或促使人們行動或具有某種態度（如在煽動性演講中），倫理語言的使用就屬於這種用法。因此，倫理命題與祈使句大致相似，它們都「主要是用來鼓勵、改變或糾正，而不是簡單地描述人們的目標和行為，在這些方面它們都不同於科學命題」❷

---

❶ C. L. Stevenson:'The Emotive Meaning of Ethical Terms', *Mind* 46, 1937.

而區別這兩種用法的根據僅僅是語言使用者的目的的不同。

　　當然，這種區分僅僅是一種理論的抽象，因為在實際生活中，我們的目的常常是很複雜的，這兩種用法常常交織在一起，甚至在同一命題中，也常常同時包含情緒表達和信念表達這樣雙重目的。例如，當一個人說：「請你關上門！」這句話部分的意思是把自己的有關要求告訴另一個人，使他相信關上門有某些實際的必要這一事實，因而這句話具有描述的意義；但是，這句話的主要目的是引導聽者去滿足說話人的某種要求，甚至是以一定的語氣、態度、情緒和情感（如通過「請」這個詞）來喚起、感化、激勵聽者如此這般地去行動，在這種意義上，這個語句和構成它的這些語詞又是作為動態性來使用的。

　　史蒂文森認為，如果把言語的意義僅僅規定為它所指稱的對象，那麼就不得不承認，唯有在描述上使用一個詞時，詞才有意義。但這個結論是不符合常識的，因為人們在能動地使用一個詞時，也能夠達到預期的目的，起到溝通情緒、情感的作用。言語的意義不能在詞的外在關係上去找。這樣，我們就能看到，一個符號既有與描述用法相應的描述意義，也有與「動態的」用法相一致的情緒意義。前者在於該符號影響認識的傾向，「這種傾向是它的用法由條件作用過程而形成、並被語言規則固定下來的」，後者則是符號由於在情緒情境中的使用歷史而獲得的喚起或直接表達（而不是描述或指稱）態度的能力。倫理術語的典型用法是「動態的」，因此，情緒意義就是標誌其特徵的意義。

---

⑰　C. L. Stevenson: *Ethics and Language*, Yale University Press, 1944, p. 21.

3.2.3 道德語言的「情緒意義」和「描述意義」

由於存在著兩種不同的使用語言的目的，因而道德語言相應地便具有兩種不同的意義，即影響認知的傾向的「描述意義」，以及影響感情和態度的傾向的「情緒意義」。

在〈倫理術語的情緒意義〉(1937)、《事實與價值》(1944)、〈意義：描述的和情緒的〉(1948) 中，史蒂文森對「描述意義」與「情緒意義」作了比較細緻、精微的研究。以信念與態度的基本區分為基礎，他首先對表達信念的描述意義進行了討論，希望通過對描述意義的討論，特別是通過與表達態度的情緒意義的比較研究，來弄清道德語言的意義。

所謂「描述意義」，就是一個語詞符號對認知發生影響的傾向。「假如傾向是由複雜的條件作用過程引起的，而這種條件過程又是某一符號用於交流的過程中產生的；假如傾向至少在相當固定的程度上是由語言學規則提供的，那麼，該符號的『描述意義』，也就是它影響認知的傾向。（例如：一個在交流中從未用過的術語，如果語法規則把它與以前在交流中使用過的其他詞相聯繫，那麼這個術語就可能被指定具有某種描述意義。）」**⑱** 在這裡，「認知」指相信、想像、猜想、假設等等具體的精神活動。史蒂文森接受了行為主義的觀點，認為這些活動都是指向行為的意向。也就是說，語詞符號的「描述意義」是與相信、想像、猜想、假設等具體認知精神活動密切相關的，並對人們的行動產生影響的傾向。

史蒂文森認為，使描述意義變得精確的原因，在於使符號彼此

---

⑱ C. L. Stevenson: *Ethics and Language*, Yale University Press, 1944, p. 70.

發生關係的規則。他認為，所求助的語言規則對於描述意義的影響
有兩個方面：首先，它使在一個符號意指什麼與它暗示什麼之間作
出區別成為可能；按照史蒂文森的觀點，一個符號意指什麼與它暗
示什麼之間的區別，只適用於描述意義，而不適用於情緒意義。其
次，在某一確定的時間，它通過為符號的運用提供精確的標準，來
幫助我們更清晰地把握該符號的變化。例如，一個兒童可能首先學
會"100"只是意味著很多，但當他知道了"100"意指"10×10"時，這
個符號就有了更精確的意義。

　　情緒意義和描述意義的區別，主要在於它們屬於不同種類的心
理傾向——當然，心理傾向反過來又是由符號激發起來的。語詞的
意義中與「動態的」或能動的用法相聯繫的，就是語詞的情緒意義。
一個詞的情緒意義是它通過其使用的歷史，在人們心中產生情緒反
應的傾向，詞的情緒意義使得詞的能動性用法得以實現。

　　1948年，史蒂文森在其〈意義：描述的與情緒的〉一文中指出，
無論在什麼程度上，符號的情緒意義都只是一種激起態度的傾向。

> 它是一種產生於其用法的歷史的傾向，它表示說話者的態度，
> 喚起聽話者的情緒。因此，這些詞語成為「讚揚性的」或「貶
> 抑性的」，「表揚的」或「貶低的」，就依賴於它們贊成或者
> 不贊成的情緒意義。❿

　　在《倫理學與語言》中，史蒂文森更直接地說：

---

❿　C. L. Stevenson:'Meaning: Descriptive and Emotive', *Philosophical
　　Review* 57, 1948.

> 一個詞的情緒意義，不是該詞描述或指稱態度的能力，而是
> 該詞在長期用於情緒情境之中，所獲得的激起或直接表達態
> 度的能力。❷⓿

從語言的使用來看，典型的感嘆詞，如「哎呀!」、「呸!」、「哼!」、「啊!」等，是表達情緒意義的最簡單的形式，比較複雜的形式則表現為一組詩歌，而日常生活中許多褒貶議論的術語，則是其最為人們熟悉的表現形式。

情緒術語的意義不僅依賴於說者的習慣，而且同樣主要的依賴於聽者的習慣。在其他情形不變的情況下，當人們用某個感嘆詞代替另一個感嘆詞，如用表達歡樂的詞代替表達悲哀的詞時，這一點將典型地凸現出來。例如，一位女演員正在以其精湛的動人技藝，例如悲痛欲絕的姿態、傷感低沉的語調等表演某個悲劇性情節，可當她口中該說「哎呀」之類詞時，說出的卻是「烏拉」，那麼這場表演就變成了拙劣的滑稽。因為觀眾對「烏拉」的習慣反映，必將與應有的情緒表達方式發生強烈的不和諧乃至衝突。可見，情緒詞既要適合表達說者的感情，又要適合於激發聽者的感情。——這種適合性是在長期的情緒語境過程中逐步形成的。

史蒂文森指出，在直接發洩情緒的感嘆詞與作為語言組成部分、指稱這些情緒的名詞（如「情緒」）之間，存在著明顯的差別。指稱情緒的詞常常無法生動地表達情緒。一個人要表達熱情，只能把「熱情」一詞說得像一個感嘆詞，並努力用各種姿勢或聲音如尖叫、「烏拉」等加以烘托。情緒詞和情緒的自然表達方式都適宜於

---

❷⓿ C. L. Stevenson: *Ethics and Language*, Yale University Press, 1944, p. 33.

「發洩」情緒。儘管感嘆詞如「哎呀！」、「啊！」、「哼！」、「呸！」、「烏拉！」等情緒詞類似於情緒的自然表達方式，如笑、嘆息、聳肩、搖頭等，但它們之間存在實質性區別。這即是「感嘆詞的表達依賴於其使用歷史中所形成的慣例，這與呻吟或大笑的表達是不同的。」 ❹ 在不同的歷史文化傳統、不同的語言以及不同的語言環境中，或簡單地說，在不同的語境中，大笑、嘆息、呻吟等自然表達可以類似，可以一如既往地進行，但在不同語境中，不同語言表達的嘆息卻可能不大相同。對於人們的呻吟，英語中說"helas"，漢語中則是「哎喲」。

　　當然，在一定程度上，感嘆詞等的慣例用法除了其具有可被慣例化的能力外，還有一種類似於自然地大笑或嘆息的「語言學適應性」。如詞音可以與日常的自然表達習慣相結合，從而在生理上適合於發洩某種特定情緒。如「哈哈哈哈」、「哼」、「唉」，等等。不過，「從整體上看，語言學的適應性是一個次要的因素，一個人在學會說出一個外來的咒語時，可能還不知道它的用法，並還未感到這種咒語是他發脾氣的方便手段。甚至當他知道這是一個咒語時，他還會認為這個咒語並不像母語中的相應詞語那麼強有力，因為在後者背後蘊藏著他母語習慣所積累起來的能量。」❷ 只有當一個詞被人們接受、滲透到人們情緒表達的習慣之中，才會找到它的位置，發揮它的作用。自然，情緒術語也是有其自身的發展規律的，必須按其自身的規律發展，從外面很難打斷其發展歷程。並且有些術語

❹　C. L. Stevenson: *Ethics and Language*, Yale University Press, 1944, p. 39.

❷　C. L. Stevenson: *Ethics and Language*, Yale University Press, 1944, pp. 39–40.

的情緒意義比它的描述意義發揮作用的時間更長。

進一步地，史蒂文森還指出，一個詞的情緒意義是與某種「情緒情境」相關的：

首先，情緒意義不等同於任何時候出現在活生生語境中的有充實內容的情緒「實體」。

一個詞的情緒意義不是固定的，情緒可以隨許多不穩定因素（如聲音、姿勢、表情、語音等）的變化而變化，因此與一個詞相伴而生的情緒，在不同時候，在不同語境中，其實際程度和種類總是變動不居的。

其次，情緒意義不是隱蔽的聯想。

一個詞的情緒意義也是和現實語境相聯繫的。一個脫離了現實語境的詞所引起的直接聯想總是非常之微不足道；在現實語境中，一個詞根本不存在某種固定伴生的附加聯想。

在論述情緒意義時，鑒於極端情緒主義者關於「情緒」的一些極端、草率的用法和結論，尤其是人們對之的誤解、批評與責難，史蒂文森還特別指出，必須對「情緒」一詞有一個恰當的、準確的理解。

> 「情緒的」這個術語，有時是以極其概略的方式來使用的，它有時甚至成了這樣一個廢紙簍的標籤，這個廢紙簍裝滿了與科學目的無關或有害的各種各樣的語言用法。人們不僅把那些被用來改變感情和態度的傾向，而且把那些實存的、擬人的、模稜兩可的、含糊不清的、使人誤解的、支離破碎的，或以任何混亂方式表達出來的東西，都稱為情緒的表達。㉓

㉓ C. L. Stevenson: *Ethics and Language*, Yale University Press, 1944,

史蒂文森特別指出，情緒意義是倫理術語和判斷所本來具有的一種意義，它與描述意義並不衝突。在倫理學和其他科學領域，情緒意義具有許多合法的功能，只是當人們濫用它時，它才會變得令人討厭。

此外，史蒂文森還特別指出，除了語言的描述意義與情緒意義之外，還有一種「混雜的意義」(confused meaning)。這種意義是語言的描述意義與情緒意義的混溶和參與，它常常導致我們分析語言意義的困難。無論是描述意義還是情緒意義，其應用均十分廣泛，一個清醒的人都決不會認為它是一種「語病」。然而，混淆的意義總是一種「語病」，人們要糾正和控制它都非常困難。「只有經過最仔細的分析，而且，也許只有對這種混亂如何產生的原因經過一種小心翼翼的診斷以後，才能根除它們。」**㉔**

3.2.4　符號、隱喻的情緒意義

在分析道德語言、語詞及其在倫理學中的意義和特殊功能時，史蒂文森還特別分析了符號和隱喻的情緒意義，並以此來揭示道德語言所顯示的心理學特徵。

所謂符號(sign)，主要是指語言學意義上的文字符號，有時也包括手勢、姿態、表情等動作符號。史蒂文森認為：「一個符號可以有兩種意義。……它既具有一種影響感情或態度的特性(disposition)，又有一種影響認識的特性」**㉕**。從心理學意義上來看，符

---

pp. 76–77.

㉔ C. L. Stevenson: *Ethics and Language*, Yale University Press, 1944, p. 78.

㉕ C. L. Stevenson: *Ethics and Language*, Yale University Press, 1944,

號所指稱的乃是一種「氣質性的屬性」， 因此，它和語詞一樣，同樣可以喚起人們的情緒反應。一種符號本身的意義是相對穩定的，但人們對它的反應卻是不夠穩定的，這種反應常常「隨著境況的遷移而明顯地改變著」。例如，在一場足球遊戲中，「好哇!」這個符號可能表達某種精力充沛的情緒，但在其他的場所又可能只是一種較為軟弱的情緒表達。因此，對於符號意義的分析，必須具有「歷史性」的考慮，也即是說，必須考慮到符號及其指稱的對象的不同，以及符號表達的語境的變化、心理反應過程等因素。這樣一來，我們就可以意識到人們對「一種符號的聆聽與該符號的反應之間的關係」有一種複雜的因果性。這種關係帶有一種明顯的心理學意義。然而，這種因果性關係的解釋是極為複雜的，任何簡單化都無法解釋它的豐富內涵。在形式上，符號對人們的眼、耳、神經等感官的刺激效果，與人們對這些刺激的反應是相互的因果關係，但在實際情形中，這種因與果之間並不是簡單的對應。同樣的刺激會產生不同的反應，也就是說，相比對其他東西的刺激所引起的反應，人們對符號的反應更為自由、更為廣泛、更具變化的特點。

史蒂文森認為，符號同語詞一樣，也具有描述的功能，它同樣指稱著某種具有認識意味的東西。但它更多的是喚起人們的情緒和態度，具有某種建設的功能。符號的情緒意義是一種「喚起態度的特性」， 這種特性如同維特根斯坦所說的那樣，是一種「第二級的特性」。 不過，它也可以直接產生情緒，而不只是影響情緒，在此範圍內，符號的情緒意義又是一種「第一級的特性」。

與一般語言、符號相比，隱喻是一種更為巧妙的表達方式。人們通過多種多樣的隱喻來表達各種褒貶好惡、讚美斥責等情緒態度，

---

p. 71.

它喻價值評價於巧妙形象的表達方式之中。隱喻或隱喻語句在文字上的意義與它所具備的解釋意義是不相同的：前者是其形式，後者是它所意欲表達的實際目的；因此必須嚴格地加以區別。一種隱喻可以提供一種或多種解釋，但它們所建設的僅僅是「它們在描述意義上所意味的」，而且，隱喻的這種建設性也往往過於曖昧，致使它無法像知識和理性那樣傳達真理。

史蒂文森提醒人們，還應該注意的是，一個字面意義沒有多少情緒效果的詞，在隱喻上使用時卻可能具有強烈的情緒效果，例如，「世界是一個舞臺」，這句話就比任何使用同樣詞的文字的感人效果均要大得多。

關於符號與隱喻的分析，不過是史蒂文森對語言意義的分析的補充而已，但這種補充並不是可有可無的。人類的語言本身也只不過是一種符號，直到人類文明發展到今天，語言文字才越來越顯示出它的獨特的信息交往功能，但這並不意味著要放棄某些非嚴格化、非邏輯化的符號（語音的、動作的、圖示的等等），隱喻等表達方式。從這一點上看，史蒂文森對符號和隱喻的闡釋與分析，使他對語言（特別是道德語言）意義的分析更加全面和系統，彌補了情緒主義倫理學家們對倫理學語言的功能及使用方式的分析的遺漏。

在日常道德生活中，語言、符號、隱喻等都是人們在道德評價中常常運用的習慣表達方式。人們可以用一種語氣（如感嘆、驚訝等）、語調、手勢，甚至是表情（目光、臉色）的變化，來表達自己對某種現象的道德評價、態度、傾向等等。這是十分複雜而又普遍平常的事實，它遠遠超過了一般理論所及的範圍，必然給道德哲學家們提出進一步研究的必要性。特別是隨著現代心理學的高度發展，日益充分地揭示出人們相互交往和道德生活中的微觀世界，特

別是對日常道德生活現象的各種偶然反映——如情緒、情感與態度的當下表達——的細微探討，使倫理學進一步深入到道德語言表達的深層王國有了現實的可能——如皮亞傑 (J. Piaget, 1896~1986) 對兒童道德判斷中的「遊戲規則」的研究等。從這一發展意義上看，史蒂文森的研究不僅具有某種創造性，而且給我們提供了研究倫理學語言、以及其他相關的符號、隱喻等表達形式的新途徑。

3.2.5　情緒意義和描述意義的關係

史蒂文森認為，一個倫理（或價值）術語或判斷具有兩種意義，即影響感情和態度的傾向的情緒意義，和影響認知的傾向的描述意義。例如，假如我說:「那是一輛好汽車」，我的話可以理解成對汽車的某些實際描述: 操縱容易、加速快、速度快、高速時貼伏路面，等等——這是「好」一詞的描述意義。然而，除此之外，我也可以說「好」表示的是我對這輛汽車的稱讚，請求你也同我一樣稱讚它——這可以說是「好」一詞的情緒意義。

史蒂文森認為，如同信念和態度的關係一樣，道德語言的描述意義與情緒意義也是密切聯繫、相互作用的，它們在整體上是統一的。描述意義與情緒意義並不是相互獨立的實體，而是同一道德語言之意義的不同方面。一個詞獲得一種情緒意義上的褒揚，部分的原因就在於這個詞通過其描述意義，指稱了某種為人們所喜愛的東西。例如，對於大多數美國人來說，「民主」具有令人愉快的情緒意義，就是因為其指稱物令人愉悅。因而，史蒂文森指出:

> 語言的描述傾向和情緒傾向的增長（或減少），並不表現為兩個孤立的過程，而是連續的相互影響的同一個過程。㉖

　　不過，即使語言的情緒意義與描述意義常常同時增長，但卻不能由此認為，它們必然總是一起出現，同步變化。事實上，無論是情緒意義還是描述意義，都可以在另一種大致不變的情況下發生變化。一方面，這種變化可以是描述意義不變，情緒意義發生變化，例如，假設有些人不贊成「民主」的某些方面的內容，他們就可以讓「民主」的描述意義保持不變，而在語言的使用過程中，逐漸使它具有較少褒揚的情緒意義。就如同柏拉圖時代、19世紀與現在的「民主」， 在描述意義上都是大致相同的，即意指人民統治，但那時的作家和傳道者則以一種強烈的輕蔑口吻使用它，而現在這個詞的情緒意義則普遍是頌揚性的。另一方面，也可以是情緒意義不變，而描述意義發生變化，例如，對於「民主」一詞，他們也可以讓強烈的褒義保持不變，而讓原有含義上的「民主」獲得一種僅僅指稱他們所贊成的描述意義。在當代東方和西方國家，民主的情緒意義是大致相同的，但它的描述意義卻很不相同。為了避免交流中詞不達意，確定哪一種意義正在發生變化常常是非常重要的。

　　我們應該注意的是，符號的意義常常具有某種「特別有趣的惰性」。 本來，符號的情緒意義與描述意義之間的相互影響，應該表現為如下一種情形：

> 假設——雖然具有很大的人為色彩——一個術語的情緒褒義
> 的產生，僅僅是因為其描述意義所指稱的是人們贊成某事，
> 再假設某一說話人以聽眾暫時認可的方式，成功地改變了該
> 術語的描述意義，那麼，人們當然期望情緒意義會自然而然

---

❷　C. L. Stevenson: *Ethics and Language*, Yale University Press, 1944, p. 71.

地發生相應的變化。**㉗**

可是事實並非如此。由於「情緒意義比起描述意義來，常常具有一種惰性」，因而它常常保持著某種相對穩定性，不一定會隨著它賴以產生的描述意義的變化而自動改變。

情緒意義的這種惰性，對倫理學研究具有非常重要的意義，這一點將從後面的分析中表現出來。因此，史蒂文森在這裡，特別根據情緒意義與描述意義的相互影響的關係，具體地把情緒意義劃分為如下三類：

(1)「獨立的」情緒意義。即「無論在何種程度上都不是描述意義的功能，而且二者中每一方都可離開對方繼續存在，或不受對方變化的影響。」**㉘**也就是說，不管符號有沒有或說話者、聽話者雙方是否注意到描述意義，情緒意義都存在。一個非隱喻的感嘆詞，如「烏拉!」「唉呀!」「太好了!」等等，可以具有完全獨立的情緒意義。

(2)「依賴的」情緒意義。即緒感意義是「非獨立的」，「無論在何種程度上都是描述意義的一種功能，在後者變化後的一個短暫時間中，前者也將發生相應的變化。」**㉙**即常常隨著描述意義的變化而變化。

㉗ C. L. Stevenson: *Ethics and Language*, Yale University Press, 1944, p. 72.

㉘ C. L. Stevenson: *Ethics and Language*, Yale University Press, 1944, p. 72.

㉙ C. L. Stevenson: *Ethics and Language*, Yale University Press, 1944, p. 73.

(3)「半依賴的」或「半獨立的」情緒意義。在這種情況下，一個符號的情緒意義依「符號的認知聯想」、而不是其精確的描述意義而定。它「可使聽者相信，他理解的不是詞的本身，而是那個詞所暗含的某些內容」❸。大多數語詞，如「民主」、「自由」、「高尚」、「正義」等，都只有部分獨立的情緒意義。如「民主」的情緒意義可能使我們聯想到美國的家庭生活和其他一些暗含的意思。這種意義是倫理術語的基本特徵。它不依該詞的精確含義，而以該詞在認識上的聯想性而定。再如，「那個人是頭蠢豬！」中的「蠢豬！」，其情緒意義就取決於把它用來比喻一個人時，使人聯想到的東西。大部分在道德場合使用的概念、命題都具有這種情緒意義。正是因為道德概念的描述意義和情緒意義既有聯繫，又能彼此分離，才使得它們特別適合於表達人們的感情，影響聽者的態度。

語言的描述性和動態性用法並不是相互排斥的。相反，由於人們使用語言的目的的複雜性（既想描述事物，又想表達態度、情緒、情感或喚起人們的反應等），使語言的兩種用法常常混雜在一起。例如，當一個人說：「請你關上門！」這句話部分的意思是要把自己的有關要求告訴另一個人，使他相信關上門有某些實際的必要這一事實，因而這些詞具有描述的意義。但他的主要目的是引導聽者去滿足他的要求，甚至是以一定的語氣、態度和情感，如「請」這個詞，來喚起、感化、激勵聽者如此這般地去行動。在這一意義上，這一語句及構成它的詞語又是作為動態性來使用的。

總之，不管在起源上還是在實際應用中，情緒意義和描述意義之間都存在著極其密切的聯繫。儘管實踐中出於不同目的，常常對

---

❸　C. L. Stevenson:'Brandt's Questions about Emotive Ethics', *Philosophical Review* 59, 1950, p. 530.

其中某一方面予以優先考慮，或分別的認識；但它是一個總情境中的兩個不同方面，而不是可以加以孤立研究的兩個「部分」。但是，在道德語言的兩種意義中，史蒂文森強調情緒意義是道德語言的主要意義。他宣稱，道德語言的主要用法不是陳述事實，而是施加影響，認為道德語言的性質正是由其情緒意義規定的。

3.3　道德語言的功能

道德語言的功能與道德語言的意義是密切聯繫的。從道德語言的意義出發，史蒂文森對道德語言的功能作了比較概略的討論。

極端情緒主義者（邏輯實證主義者）從其可檢驗性原則和意義標準出發，認為倫理概念和倫理判斷不過是人們情緒、情感、態度和欲望等的表達，是應該加以拒斥的。艾耶爾論證說，像「偷錢是錯誤的」這個句子，只不過表達了我們對於偷竊行為極其不贊成這種道德感情，即便有人對於偷竊與我主張不一，這也只是由於我們具有不同道德情操，因而沒有什麼好爭論的。當然，倫理或價值語詞或詞句有時不僅用作表達情緒，也用於喚起情緒，並由於喚起情緒而刺激行動，例如「你應該說真話」這一句子，就不僅表達了一種倫理情緒，而且是在譴責某人說謊，責成某人說真話。但總的來說，他們把倫理或價值概念看成是「偽概念」、「假概念」，把倫理或價值判斷看成是「妄判斷」、「假判斷」，把倫理或價值的情緒意義上的表達說成是沒有意義的「廢話」、「胡說」。

甚至因為極端情緒主義者的這種說法，使得諸如「情緒」之類語詞近乎成了「廢紙簍的標籤」，成了一個純粹的貶義詞；並且也使得語言的情緒表達常常為人所忽視，而未得到應有的注意。史蒂

文森則明確反對把情緒意義視為無知的「胡說」、 沒有意義的「廢話」， 而希望把「情感」這個詞「作為一種深入研究的工具，而不是作為把語言的非描述性方面化為烏有的手段。」❸

在史蒂义森看來，道德語言是曖昧的、模糊的，在日常生活中，在公共交談中，道德術語的多義性、歧義性、含混性總是存在的。道德語言分析的目的和任務不是力圖消除它（實際上它「也不可能輕易地為分析所消除」），而是要「儘量使它的存在顯而易見，並通過仔細研究它的起源和功能，使之不再成為犯錯誤的根源」❸。也正是因為道德術語的多義性、歧義性、含混性，使得倫理概念、倫理判斷本身無法表達主要的信念。與科學語言相比，「它們具有一種準祈使(quasi imperative)的功能」，雖然，「它們也具有一種描述的功能，這種描述功能卻為曖昧性和模糊性所伴隨」❸。「任何定義，如果把道德術語和科學術語二者的意義等同起來，而不加以進一步的解釋和限定，就極可能造成人們的誤解」❸。儘管由於語言的多義性和靈活性，完全有理由說：「道德術語的有效意義有時全部是科學上的，而道德術語的部分有效意義則永遠是科學上的」❸。但

---

❸ C. L. Stevenson: *Ethics and Language*, Yale University Press, 1944, p. 79.

❸ C. L. Stevenson: *Ethics and Language*, Yale University Press, 1944, p. 34.

❸ C. L. Stevenson: *Ethics and Language*, Yale University Press, 1944, p. 36.

❸ C. L. Stevenson: *Ethics and Language*, Yale University Press, 1944, p. 20.

❸ C. L. Stevenson: *Ethics and Language*, Yale University Press, 1944, p. 20.

更常見的，道德術語的使用方式並不僅僅是科學的，道德術語具有某種超科學性意義。如果忽視這一點，那麼，「這種定義會使人認為，規範倫理學的問題和科學問題一樣，引起的僅僅是信念上的一致和分歧。」❸這將由於忽視了態度上的分歧，而把握不了道德術語和道德問題的實質。

史蒂文森常常將道德命題和祈使句相比較。他認為，道德命題和祈使句儘管有著差別，但他們具有不少共同點，即它們「主要都是用來鼓勵、改變，或者約束人們的行為和目的，而不僅僅是對它們進行描述。」❸

史蒂文森認為，倫理或價值判斷表達說話人的態度，而且一般說來，說話者是帶著希望其他人持相似態度的意圖的；倫理或價值語言不僅具有描述意義，同時也具有情緒意義，但描述意義是次要的，情緒意義是主要的。與此相聯繫，倫理或價值判斷的功能或作用也就並不僅僅在於描述事實，而在於表達某種情緒、情感或態度，從而影響人們的行為。他指出：

「無疑，在倫理判斷中總有某些描述成分，但是這一點無論在什麼情況下都不是主要的。倫理判斷的主要用途不在於陳述事實，而是要施加影響。」❸

---

❸ C. L. Stevenson: *Ethics and Language*, Yale University Press, 1944, p. 20.

❸ C. L. Stevenson: *Ethics and Language*, Yale University Press, 1944, p. 21.

❸ C. L. Stevenson: *Facts and Values*, Yale University Press, 1963, p. 16.

　　倫理語詞不僅描述人們的興趣，而且通過建議、加強語調等方式加強或改變興趣，它部分地具有命令的力量，但又與命令句有微妙的區別，即以不自覺的方式使人作出改變。例如，他後來指出，「這是善的」的意思是：「我贊成它，你也贊成吧」，以用來加強或改變聽話者的態度。既然道德語言的主要意義是情緒上的，那麼，當我們用這些術語、概念構成某種道德判斷時，就絕不僅僅只是描述、記錄或揭示事物的現象、內部聯繫和事物之間的關係，而是表達我們的態度和感情。

　　正因為如此，史蒂文森進一步指出：

　　　道德判斷就是向人們推薦某種東西，要人們對該東西持贊成或不贊成的態度。它不僅是客觀地描述事實，也不僅是毫無感情地討論事實是否已經得到讚許或按其性質何時將得到讚許。因此，道德家常常是改革者，這決不是偶然的。㊴

　　然而，道德判斷為什麼會有這種情緒功能呢？史蒂文森對此進行了分析。他認為，這是因為，一方面，從道德語言的使用習慣來看，組成道德判斷的謂項（如「善」、「應該」等）在情緒場合中長期、多次地使用，使它們日益具有或褒或貶、或揚或抑的感情色彩。這種用法一開始可能是偶然的，後來則為大多數人所實際承認，再後來又得到語言規則的鞏固。例如，當我們對某些東西感到喜悅時，總會自覺或不自覺地用「好」或「善」來形容它，而不會用「壞」或「惡」來形容。在道德上也是這樣，當我們看到自己認為應該履

㊴　C. L. Stevenson: *Ethics and Language*, Yale University Press, 1944, p. 13.

行的行為被某人履行時，我們就稱之曰「善」，而不是「惡」。另一方面，使用語言的人因所受的語言訓練而形成的心理習慣，也使善惡、正當、錯誤等基本倫理概念特別適合於表達和激發情感。史蒂文森用行為主義心理學理論解釋說，一個生活在某種社會環境中的人，總會受到該社會的輿論的影響，從而在「善」這類道德術語與其個人的心理贊成之間，或在「惡」與其心理厭惡之間產生較穩定的聯繫。就好像「立正」常常使一個訓練有素的士兵一躍而起，鈴響常常使巴甫洛夫的狗分泌出唾液一樣，一個正常人聽到「這是善的」， 也常常產生贊成的態度，而不管對象是什麼。這就是條件作用的結果。一個人從孩提時代起就注意到，「好孩子」、「好事」常常伴隨微笑、讚賞、獎勵而出現，輿論總是把「善」（好）、「有責任感」等詞語加在那些為人稱道的人及其行為或品質上，久而久之，就在心理上使這些詞與贊成的情緒聯繫起來了。

因此，史蒂文森認為，「情緒意義是這樣一種意義，在這種意義上，反應（從聽者觀點看來）或刺激（從說者觀點看來）都是一種情緒系列。」❹不過，情緒主義比起與之相應的反應、刺激等，一般穩定一些。這是因為：首先，意義與其反應（或刺激）相比不太容易受直接的心靈反省狀態變化的影響，因為如果傾向穩定不變，只有在不同的伴隨條件下才有可能出現不同的具體反應。其次，如果反應本身是傾向，心靈的直接內省狀態仍會有較大幅度的變化範圍，因為同一態度可以有不同的內省表現形式。當然，儘管如此，情緒意義依然只是大致穩定的，而絕非一成不變的。

道德判斷不僅具有表達判斷者情緒、情感的功能，而且具有引

---

❹ C. L. Stevenson: *Ethics and Language*, Yale University Press, 1944, p. 69.

起、改變接受判斷者的情緒、情感、態度的功能。注意這方面的研究，是史蒂文森與其他情緒主義者的又一個不同之處。羅素最早注意到道德陳述的情緒因素，他曾指出，「某某是善的」這一判斷，意思就是「要是大家都想要它，該多好啊！」也就是說，這一判斷不是在作陳述，而是在表達一種願望。但羅素並沒有注意到道德判斷對於聽者的能動作用。艾耶爾在論述道德判斷可以表達情緒、情感時，曾經提到過其影響聽者情緒、情感的作用，但卻一帶而過，並未作深入研究。由於深受杜威倫理思想的影響，史蒂文森更側重於道德判斷的後一「實踐」功能，即能動地引導某人具有某種態度。

例如：

A：他不同我們商量就無權這樣行動。

B：可他畢竟是主席啊！

A：他是主席，但不是獨裁者。他這樣做違背了民主原則。

在這一討論情境中，A運用了「獨裁者」、「違背了民主原則」這些具有強烈貶義的術語來加強自己的態度，刺激B對「主席」的反感，從而對主席的行為加以反對。

再如：

A：（在爭論中）我贊成這一提案，因為它限制了商業活動的許可程度。

B：許可？這實際上是一種壓制自由的方式——而企業自由是我們民主制度的基石啊！

在這一爭論中，B對於「許可」的駁斥和對於「自由」的維護，主要是情緒意義上的，它對聽者的情緒影響也將是強烈的。

可以說，史蒂文森正是通過這一能動性功能把說者和聽者雙方的感情、行動結合起來，從而比較完整地展現了道德語言在道德活

動中的工具性質。

此外，史蒂文森還正確地指出，道德判斷的表達功能不僅和道德判斷的「激發」功能互相聯繫，而且這兩種功能本身就是不可分的。它們都通過與道德語言的描述意義的結合與分離而得以發揮，並從而在現實中影響人們的道德行為。

3.4 倫理判斷的兩種分析模式

為了更清楚地顯示、分析倫理判斷的意義及其功能，通過對各種各樣的倫理分歧的考察與討論，史蒂文森提出了兩種互補的分析倫理判斷的工作模式 (working models)。在他看來，在歷史上和現實中，規範倫理學所作的倫理判斷大體可以分為兩類，這大體上都可以在他的兩種分析模式(the pattern of analysis)中得到解釋。

史蒂文森是以典型的倫理判斷：「這是善的」為例，提出關於其意義和功能的兩種分析模式的。（他認為，這兩種分析模式同樣適用於分析其他道德術語，諸如「正當」、「應該」及其反義詞等。）第一種主要側重於道德範疇的情緒方面,第二種則側重於描述方面。當然，由於「這是善的」之類表達式的意義是比較含混、不明確的，加上「善」這個詞既有倫理學用法，也有非倫理學用法，我們就不能為它提供一種完全適合的分析，即不能把它翻譯成使個別的意義成分得到明確的另一個意義相同的表達式。因此，下面所提出的「分析模式」只是作為一種暫時的工作模式，以後還要從各種不同的角度加以精煉。

作為一種暫時的工作模式，雖然每一種「分析模式」都沒有提供精確而恰當的定義，但就實用的目的而言，它仍揭示了倫理命題

的若干本質特徵。

3.4.1　第一種分析模式

在第一種分析模式中，史蒂文森以下面的方式刻劃了主要的倫理範疇的意義：

⑴「這是錯的」，其意思是說：我不贊成它，你也別贊成吧！

⑵「他應該這樣做」，其意思是說：我不贊成他這樣做，你也別贊成吧！

⑶「這是善的」，其意思是說：我贊成它，你也贊成吧！

在上述分析模式中，每個定義都由兩部分組成，第一部分是說明性的陳述：「我贊成」或者「我不贊成」，它描述說話者的態度。第二部分是祈使性的陳述：「你也贊成吧！」或「你也別贊成吧！」它致力於改變或加強聽話者的態度。

應該指出的是，在上述道德判斷中，祈使或命令成分是最重要的特徵。因為我們使用諸如「善」之類道德術語，就是為了影響他人的態度──不是指導他的態度，就是改變他的態度，或者是加強他的態度。但是，在倫理學討論中，為什麼我們提出道德判斷時，不是只限於使用祈使句或命令式呢？對此，德國哲學家 W. 施太格繆勒(Wolfgang Stegmuller, 1923~)在《當代哲學主流》中，對史蒂文森的思想作了如下概述：

首先，由於命令式具有命令的性質，它總是引起聽者的反抗，而在使用「好的」這種語詞時就不發生這種情況。其次，命令式要求單純的服從，而在使用「好的」這種語詞的情況下，則為可能進一步討論留有餘地。最後，史蒂文森完全不想否

認，倫理學的陳述具有只有用陳述句才能表達的部分描述的
內容。**④**

在一個具體的道德情境中，上述分析可以使倫理上的分歧或一
致在於態度對立這一點突出出來。在爭論過程中，這一分析模式中
的兩個部分共同發揮作用，很容易引起態度上的一致或分歧。例如：

A：這是善的。

B：我完全同意，它確實是善的。

根據上述分析模式，它就可以翻譯為：

A：我贊成這件事，你也贊成吧！

B：我完全願意贊成它，你也（繼續）贊成吧！

上述對話中，陳述部分證實了雙方的態度是相同的，一致的。
但若把它們單獨拿出來，則暗示的至多不過是對態度的純描述；它
們沒有導致人的態度上相互影響的、熱情地表示讚許時所具有的感
染力。而後一祈使部分則使人們自身的讚許評價增強，並鼓舞了他
人的讚許態度，從而促使人們在道德判斷上取得明顯一致。

再如：

A：這是好的。

B：不，它是壞的。

用分析模式來解釋，它就變成：

A：我贊成這個，你也贊成吧！

④ W. 施太格繆勒：《當代哲學主流》（上卷），商務印書館1986年版，第
509 頁。W. Stegmüller: *Hauptströmmungen Der Gegenwarts
Philosophie*, Eine Kritische Einführung, Band I, Alfred Kröner Press,
1978, p. 514.

B：不，我不贊成它，你也別贊成！

上述對話中，陳述部分表明兩個人具有對立的態度，或者說態度上的分歧，一個人贊成，而另一個人不贊成。而祈使部分則表明每個人都在建議對方改變態度。這個模式描述了幾個常見的道德命題的意義，但不是在給道德術語下定義。因為道德術語正像摩爾所說是不可下定義的，但這種不可定義的原因並不在於它們代表著單純的、不可分析的非自然主義性質，而是因為不可能找到與它們的情緒意義完全相同的定義詞。無論我們用什麼取代「你也贊成吧！」都必然會「歪曲」善的情緒意義，就像把「烏拉」解釋為「多麼令人激動」，必然會減弱前者的情緒意義一樣。

史蒂文森認為，這種分析模式的目的，是通過嚴格限制倫理語詞對說話者的態度的描述意義，排除倫理語詞的模糊性，並把它們所傳達的信息都視為純粹的建設，以求得倫理語詞的中立性和明確性。但是，正如史蒂文森所承認的，這一模式有點過分強調了態度上的一致和分歧，而對信念上的一致和分歧則強調不夠，從而不能說明道德問題的雙重起源。雖然傳統倫理學只看見信念而忽視態度，但一味地反其道而行之也是錯誤的。同時，這個模式雖然作為近似的描述使用起來非常方便，也能夠解釋相當一部分道德命題的含義和行使作用的方式，但必須注意到，它是簡單的、近似的，它把「倫理術語的描述意義僅限制在說話人自己的態度上」，把情緒意義直接等同於命令句。在許多情況下，這一模式甚至是過於貧乏了。而實際上，倫理語詞可以指稱更為複雜的意義，「某某是善的」在描述上是非常複雜的，既可指描述做它的動機、它產生的原因，也可指它所遵照的標準等等；況且，倫理語詞涉及的，並不僅僅只是說話者一方，也涉及到聽者的反應等。這些在第一分析模式中都考慮

不夠。另一方面，「……你也贊成吧」，在這裡是一個明確的命令，而情緒意義不僅僅是命令力量；倫理判斷的情緒意義常常是通過比較靈活的聯想機制加以「引導」的，而不是強制命令人們改變態度或產生相應情緒。「情緒術語把自己所從屬的主語或明或暗地顯示出來，並因此引導而不是強制人們改變自己的態度。」❷可見，第一分析模式無法解釋道德領域的各種判斷，更說明不了道德判斷的豐富內涵。

3.4.2 第二種分析模式

為了克服、彌補第一模式的上述缺陷與毛病，特別是克服其描述內容過於貧乏的不足，史蒂文森提出了第二種分析模式。它的顯著特徵，在於承認倫理學術語中除情緒意義外，還有豐富多樣的描述意義。

史蒂文森指出，第二種分析模式可以表示為如下一般形式：

> 「這是善的」這個判斷，除了「善」這個術語具有一種讚揚的情緒意義，使之可以表達說話者的贊成、並傾向於喚起聽眾的贊成外，它還具有這樣的意義，即指出「這具有X、Y、Z……等等性質或關係」。❸

史蒂文森認為，關於這一分析模式應該注意以下幾點： 1.對定

---

❷ C. L. Stevenson: *Ethics and Language*, Yale University Press, 1944, p. 33.

❸ C. L. Stevenson: *Ethics and Language*, Yale University Press, 1944, p. 207.

義中的情緒意義必須給以分別研究，以確定其典型特徵，而不是用定義術語來加以保存；2.這一定義沒有提到說話者的態度，儘管由於情緒意義的出現，還可以使人聯想到它；3.以上說明與其說是「善」的定義，不如說它是一個完整的定義形式、定義樣式。至少只有當上述定義中的變項，如X、Y、Z等為日常語詞所代換以後，它才能稱之為「善」的真正定義。史蒂文森強調，只要我們認真考察就會發現，倫理術語具有豐富多采的描述性意義。但是，有些倫理學家只是建立了一種特殊定義，以作為「善」的「真正」意義，而忽視了「善」的其他描述性含義。實際上，這些人只是維護「善」這一術語的某一方面，而並沒有正確闡明這個詞的用法。也正因為「善」有多方面的含義，因而正好可以通過一個定義樣式去說明它。換言之，由於第二種分析模式要解釋很多定義，在這些彼此不同的定義中，變項會被不同的常用術語所取代，因而，這裡我們需要的，正是如上所示的一種可以具體化的定義形式。順便要指出的是，倫理學中的除「善」之外的其他術語，也可以用同樣的方式加以定義。

在以上分析模式中，作為「善」的一個具體而現實的定義，變元X、Y、Z……必須用日常語詞代換。然而，並非任何日常語詞都能用來代換這些變元。如果這樣，「『善』就會是語言中所有同時具有讚揚意義和描述意義的術語的可能的同義詞。雖然『善』的意義是模糊的，但還不至於模糊到這樣的程度。」❹例如，在日常語言中，當我們說一位大學校長「善」的時候，我們的意思可能是說，他是一個勤奮的、善於管理學校的人，他誠實而恰當地施展了自己的才能，並且因為自己所具有的知識和遠見，足以贏得廣泛的尊敬。如

---

❹　C. L. Stevenson: *Ethics and Language*, Yale University Press, 1944, p. 207.

此對「善」的X、Y、Z等的代換和解釋，顯然不是人們通常意義上
的「善」。因此，代換這些變元的術語必須在一定的範圍之內，雖然
構成日常用法的範圍和內容可能會有變化。

除非有已接受的善性的標準，否則「善」沒有任何描述意義。
然而，這些標準因時代、社會、地點、場合等的不同而不同，因而
「善」的描述意義總是變化的，「善」的描述意義的變化，並不意
味著情緒意義的喪失，並不破壞它施加影響、改變態度的功能。

倫理學定義包含著相互結合著的描述意義和情緒意義，它常常
用來調整或者強化態度。史蒂文森強調，只要我們認真考察就會發
現，倫理術語具有豐富多采的描述性意義。但是，有些倫理學家只
是建立了一種特殊定義，以作為「善」的「真正」意義，而忽視了
「善」的其它描述性含義。實際上，這些人只是維護「善」這一術
語的某一方面，而並沒有正確闡明這個詞的用法。無論是把「善」
的「真正」含義說成是「最大多數人的最大幸福」，　還是把它定義
為「綜合利益」、「廣泛的愛」、「生存」等，我們都無法迴避這樣一
個事實：「選擇某種定義，就是為某個原因進行辯護，只要被定義
的詞具有強烈的情緒色彩。對於第一模式來說，態度是由道德判斷
來改變的；對於第二模式來說，態度不僅被判斷所改變，而且被定
義所改變。因此，分歧的態度既可以由道德術語的矛盾斷言所表明，
也可以由關於其意義的矛盾觀點來表明。」❹

用這個模式來分析以往倫理學中的定義，就會發現它們都是借
助於情緒意義和描述意義的不斷重新組合而達到目的的。它們把
「善」的情緒意義加在不同的定義項上，使人們對它也像對善一樣

---

❹　C. L. Stevenson: *Ethics and Language*, Yale University Press, 1944,
　　p. 210

持贊成態度，即它們都具有勸導的性質。

在第二種分析模式中，我們會發現史蒂文森與艾耶爾之間的一個重大區別：艾耶爾認為，規範倫理學是毫無意義的，他把「規範倫理學符號」與「描述倫理學符號」區別開來；而史蒂文森認為，情緒意義與描述意義是同一種倫理符號的兩個不同方面。用第二個分析模式來分析以往倫理學中的定義，就會發現它們都是借助於情緒意義和描述意義的不斷重新組合而達到目的的。但是，我們絕不能由於倫理學符號具有描述意義，就認為它更應當經受合理性的實證檢驗。史蒂文森明確地說，「第二模式既沒有使倫理學的內容更豐富，也沒有使之更貧乏，更沒有因此而增加或者減少其『客觀性』。」❹事實完全如此。因為我們不能根據任何邏輯接受一個道德範疇、一種描述意義，同時拒斥它的其他含義。第二模式不過是一種分析模式，用來解決規範倫理學中種種定義的一般特點；第二模式本身不下任何定義。勸導性定義在倫理上不是中立的，但倫理學分析必須保持中立，第二模式可以把許多定義作為例子來研究其性質和功能，但它本身並不等於任何這樣的定義。

3.4.3　勸導性定義

史蒂文森認為，在第一分析模式中，是通過贊成或不贊成某一事物的方式，來改變態度的；而在第二分析模式中，則是通過經常被稱為「勸導性定義」的方式，來改變態度的。對這勸導性定義在道德語言中的作用的清晰論述，被公認為是史蒂文森著作中最有價值的地方之一。因此，這裡我們專門加以詳細的闡述。

---

❹　C. L. Stevenson: *Ethics and Language*, Yale University Press, 1944, p. 209.

史蒂文森認為，倫理學定義本身可能包含著情緒術語，而這些術語的情緒意義是容易變化和重新定義的，它們「是每一個人都想賦予他自己選擇的性質的贈品」，通過改變道德術語的描述意義，從而對情緒意義賦予了一種新的描述形式。史蒂文森將這樣的定義稱為「勸導性定義」(persuasive definitions)。

那麼，如何去具體地界定「勸導性定義」呢？1938年，史蒂文森在《心靈》雜誌那篇引起極大反響的論文——〈勸導性定義〉中，開宗明義地加以了這樣的界定：

> 一個「勸導性」定義，就是在不實質性改變概念的情緒意義的條件下，通過有意或者無意地改變人們的興趣的方向，從而賦予一個熟悉的詞以一種新的概念意義。❹

在1944年出版的《倫理學與語言》中，史蒂文森進一步這樣加以說明：

> 在任何「勸導性定義」中，被定義的術語都是人們所熟悉的，它的意義既是描述的，又具有強烈的情緒色彩。定義的目的是改變術語的描述意義，其方法通常是在習慣的模糊性範圍內，儘量給予這一術語以較精確的含義。但在術語的情緒意義方面，定義不會帶來任何實質性的變化。並且，通過情緒意義和描述意義的相互影響，定義可能有意無意地被用於調

---

❹ C. L. Stevenson: Persuasive Definitions, *Facts and Values*, Yale University Press, 1963, p. 32. 史蒂文森這裡的「興趣」一詞是在R. B. 培里之「興趣論」的意義上使用的，其他地方一般仍用「態度」來表達。

整人們的態度。⓮

　　綜上所述，簡單地說，所謂「勸導性定義」，就是賦予一個熟悉的語詞以一種新的概念意義，這種定義在不改變倫理術語的情緒意義的條件下，通過改變其描述意義，從而達到自覺或不自覺地改變人們的態度的目的。當然，如此解釋可能還顯得比較難於理解，因而史蒂文森於是舉了一個典型的例子加以說明。

　　假定Ａ和Ｂ正在討論他們的一個共同朋友。討論的方式是這樣的：

　　Ａ：他沒有受過多少正規教育，這從他的談話中可以得到證明。他的句子常常很粗俗，他的歷史和文學知識相當膚淺；他的思想缺乏那種標誌理智、教養的靈活和技巧。他肯定缺少教養。

　　Ｂ：你說的大部分都是真的，但儘管如此，我還要稱他為有教養的人。

　　Ａ：可是我說的那些特徵，不正是與教養這個術語的意義相矛盾嗎？

　　Ｂ：不是的。你強調的是外表形式，僅僅是教養的空洞外殼。其實，「教養」這個術語的真實而完整的意思，所指的是想像力的靈敏性和創造性。這些品質他都有。因此，我毫不難為情地說，雖然也許我們這些人所受過的教育比他要多，但他遠比我們許多人有更好的教養。

　　勸導性定義不是我們通常理解的定義。對道德術語下定義，不過是以其情緒意義為手段，達到「欺騙」目的的過程。在這種定義

⓮　C. L. Stevenson: *Ethics and Language*, Yale University Press, 1944, p. 210.

中，人們力圖將他們自己所選擇的性質賦予被定義的語詞，「竊取」那屬於這種語詞的善意或惡意，把它用於自己的目的。史蒂文森強調，只要我們認真考察就會發現，倫理術語具有豐富多采的描述性意義。但是，有些倫理學家只是建立了一種特殊定義，以作為「善」的「真正」意義，而忽視了「善」的其他描述性含義。實際上，這些人只是維護「善」這一術語的某一方面，而並沒有正確闡明這個詞的用法。在這一實例中，「教養」的情緒意義並沒有發生什麼變化，但它的描述意義卻在一定的目的下，被給予了重新解釋。史蒂文森認為，這一實例如同許多其他實例一樣，B提出的關於「教養」的勸導性定義具有雙重的勸導功能：它在某一個地方取消情緒意義，又在另一個地方加上情緒意義；它力圖使A放棄對一種事物的贊成態度，而轉向贊成另一事物。它既勸阻聽話者不要專一地讚美某些品質，同時又引道聽話者去讚美其他品質，如上例中，B就既力圖使A放棄「教養」在於受過良好教育、語言表達優雅、思想比較活躍等，而又將A的理解導向想像力的靈敏性和創造性。

　　史蒂文森認為，勸導性定義的效果是通過描述意義和情緒意義的結合使用而達到的。之所以如此，有如下幾個方面的原因：一是因為勸導常常有理由相伴隨；二是因為情緒意義常常依賴描述意義，描述意義發生變化，情緒意義常常隨之改變方向；三是因為當情緒意義呈現讚賞或貶斥的傾向時，描述意義必須指明讚賞或貶斥的對象。這最後一個方面是最根本的原因。就有關術語的情緒意義而言，它命令或者不命令；而就其描述意義而言，它陳述讚揚或譴責所指的對象。前者給予勸導的力量，後者給予勸導的方向。沒有這兩種意義的共同作用，勸導就或者缺乏力量，或者缺乏方向。

　　總的來說，用來構成勸導性定義的語詞，大多是一些描述意義

相對模糊、而情緒意義卻極為豐富的語詞。只有在一個詞的情緒意義是強烈的，它的描述意義有些含糊的地方，勸導性定義才是可能的。勸導性定義要使態度發生有意義的變化，就必須滿足前一個條件；要給將要發生的勸導性定義的策略留有餘地，就必須滿足後一個條件。上述例子中的「教養」就是這樣一個既具有模糊的描述意義、又具有豐富的情緒意義，即具有所要求的力量和含糊性的詞。由於「教養」所具有的基本不變的情緒意義，從而它能對人們施加一定的影響；由於「教養」這類術語所具有的模糊性，使變化顯得相當「自然」，就不會使聽話者清楚地意識到自己正在受影響，也不會使聽話者因自我意識而在情緒上感到困窘，從而達到比較好的勸導效果。史蒂文森認為，在上述兩方面類似「教養」的詞還有很多很多。

　　儘管不論就情緒術語的意圖還是就其效果來說，大量情緒術語都是勸導性的，但是，一定不能認為情緒術語的所有定義都是勸導性的，也不能認為這些定義總是必須有一種無意的勸導效果。有時，如果總的環境不利於勸導，或者說話者和聽話者的意見完全一致，那麼，情緒影響就可能是沒有實踐意義的；有時，一個人主要以描述方式說話時，他能夠通過語調、或者通過明確的勸導，來使情緒意義中性化。

　　勸導性定義只是說明意義的改變引起態度的改變的一種方式。為了更加透徹地闡明「勸導性定義」的基本內涵，史蒂文森還提出了其他幾種類型的定義。在與這些定義的比較中，我們可以對勸導性定義有進一步的理解。

　　「勸導性的準定義」(persuasive quasidifinition)：指通過各種手勢、講話的口吻、某種面部表情、以及比喻、隱喻等修辭方式等

來表達某種意思。與勸導性定義不同的是，它不是在情緒術語之情緒意義不變的情況下，通過改變其描述意義來改變態度；而是在描述意義大致不變的情況下，通過改變其情緒意義來改變態度。例如，在前述關於「教養」的例子中，B這樣來對A進行勸導：「教養只有在白痴眼裡才是財富；真正的財富是靈敏的想像力和獨創性。」這一表述方式認可了其對手確認的「教養」的描述意義，但卻使「教養」一詞的情緒意義變成貶義的，而且還給「靈敏的想像力」和「獨創性」附加了情緒效力。再如，假設我們告訴一個人，說他辯論起來簡直就像是一位哲學家。在古代雅典人看來，這句話含有明顯讚賞的情緒意味，但在今天，這句話則可能意味著某種嘲諷或污辱。而「哲學」作為一種尋求智慧的研究，其描述意義從古至今卻沒有什麼不同。

還有一種所謂的「混合性定義」，它是「勸導性定義」和「勸導性的準定義」相互結合產生的效果，即指通過倫理術語的情緒意義和描述意義同時發生變化，從而改變人們的態度。就像用「經驗主義的」一詞修飾醫生時，過去常常表示「庸醫」，並含有一種令人討厭的情緒意義；但在今天，這個詞卻代表著依靠感官進行研究，並且作為試驗科學之理論方法而為人們所接受。為了更清楚地說明這種定義，史蒂文森從《紐約時報》上摘錄了一段話進行闡述：

> 用似乎是過去年代的人們的眼光來看，我們今天的榮譽概念已經大不相同了。這就是很多人在論述他們的榮譽概念時，常常會犯的一個基本錯誤，以及由此誤入歧途的原因。有許多人把榮譽視為一種物質的東西，就像你把你的金錢、工作、房屋看作物質的東西一樣。

然而，榮譽並不像這些東西。你的金錢、工作、房屋可以被某些人剝奪，但是要記住，永遠沒有人可以奪走你的榮譽……那麼，榮譽究竟是什麼呢？它是你自己的人格。真正的榮譽依賴一個人為自己建立起來的標準，而且他將努力依照這個標準去生活。

史蒂文森指出，在這裡，對「大不相同」了的、「真正的」「榮譽」的重新確認：非物質性、與人們自身人格的等同性、與自己建立的標準的相關性等，以及加於榮譽之上的頌揚性的強調，使人們可以基於勸導性定義和勸導性的準定義，從而改變其態度。

中性定義，例如科學定義往往是非勸導性的。這主要是因為，科學定義所包含的觀念領域相對來說比較狹窄，即往往只涉及知識中所體現的某些相關方面。但是，史蒂文森認為，即使科學的定義也可能決定我們的興趣、改變我們的注意力。「任何定義無論如何中性，都可以有助於澄清某個給定的陳述，而這個陳述又可以反過來被用作支持某個道德判斷的理由。通過這種間接的方式，定義可以具有廣泛的倫理學意義。」❹ 也就是說，中性定義的情緒效果幾乎是可以忽略的，儘管它們也可能有助於改變某種興趣或態度，但卻是通過間接的方式來達到的。當然，中性定義所能夠影響其態度的對象範圍是十分有限的，「中性定義只能對於相對狹窄範圍內的態度施加一種受控的影響。」❺

---

❹ C. L. Stevenson: *Ethics and Language*, Yale University Press, 1944, p. 284.

❺ C. L. Stevenson: *Ethics and Language*, Yale University Press, 1944, p. 284.

勸導性定義和非勸導性定義常常是相互聯繫的，在勸導性定義和非勸導性定義之間，並沒有一條明顯的分界線。而且，勸導性定義和非勸導性定義可能會相互轉化。在史蒂文森稱為「再強調」(re-emphatic)定義中，最清楚地體現了這種轉化。所謂「再強調」定義，就是指利用一種荒謬且自相矛盾的手段，強行改變人們的注意力。「所有經驗陳述都是假設」，「無窮大不是一個數」，等等，都是「再強調」定義的例子。科學中的非勸導性定義，雖然都是從倫理學的較強的勸導性定義轉化而來的，但在勸導性定義和非勸導性定義之間，並不存在任何嚴格的、不容變通的界線。科學定義中的任何情緒因素都是附屬性的非主要因素，而在倫理學中，情緒因素是必不可少的重要因素。

儘管勸導性定義在倫理學中經常受到忽視，但它的頻繁出現（當然人們常常是不自覺地運用的），足以要求我們給予相應的關注，把它視為最重要的哲學性質的方法之一。同時，史蒂文森又十分謹慎地指出，勸導性定義之使用，僅僅是人們試圖用以影響他人、改變他人態度的許多可能的方法之一。

勸導性定義在倫理學中的使用，是倫理學區別於科學的重要標誌，也是規範倫理學沒有客觀、統一標準的根本原因。每一個人、每一個學派都在利用道德術語的描述意義和情緒意義的二元性質，或者改變描述意義，如把「善是整體利益」變為「善是個人利益」，從而把「善」的情緒意義加在個人利益之上，使其他人對「個人利益」持贊成態度；或者改變情緒意義（如「不要受『義務』的束縛，因為『義務』是弱者的『保護傘』」），把改變了的情緒意義（由褒而貶）加在原來的描述意義上。無論以哪種方式，定義都是結合情緒意義和描述意義而完成的。在情緒上，它對被定義詞給予讚揚、

推薦或貶抑；而在描述上，它指出了讚揚或譴責的對象。前者給予勸導的力量，後者指出了勸導的方向。

此外，順便還應該提到的是，在勸導性定義發生作用的時候，我們經常會談到術語的「真正的」或「真實的」意義。例如，什麼是真正的民主？什麼是教養的真實意義？真正的愛僅僅是心與心的交流，真正的勇敢是反對相反輿論的力量，等等。我們用真正的或真實的「民主」、「愛」、「教養」、「勇敢」等術語的勸導性定義，來讚揚某些東西，用真正的或真實的「自私」、「虛偽」、「獨裁」等等術語的勸導性定義，來斥責某些東西。史蒂文森認為，「每一個這樣的陳述都有一種調整態度的方法，它使一個語詞的情緒意義具有讚揚的特徵，並使之與所贊成的描述意義相結合。」[51]在一定的道德情境中，「真正的」和「真實的」本身並不是按其字面意思來使用的，它們具有勸導的力量。人們通常接受他們認為是真的東西，信賴他們認為是真實的東西，所以這些詞本身就帶有「要被接受」或「要被信賴」的勸導性力量。聽話者被強導著去接受說話者所提出的新意義。

3.4.4　兩種分析模式之間的關係

從上述闡述與分析我們可以看到，史蒂文森的兩種分析模式是互相聯繫、互相補充的。第二種分析模式是為了克服、彌補第一種分析模式的缺陷與毛病而提出來的。史蒂文森自己認為，第一種分析模式有點過分強調了態度上的一致和分歧，而對信念上的一致和分歧則強調不夠，從而不能說明道德問題的雙重起源；同時，這個

---

[51] C. L. Stevenson: *Ethics and Language*, Yale University Press, 1944, p. 214.

模式雖然作為近似的描述使用起來非常方便，也能夠解釋相當一部分道德命題的含義和行使作用的方式，但必須注意到，其描述內容過於貧乏，它是簡單的、近似的；此外，「……你也贊成吧」是一個明確的命令，而情緒意義不僅僅是命令力量，它是引導而不是強制人們改變自己的態度。因此，第一分析模式無法解釋道德領域的各種判斷，更說明不了道德判斷的豐富內涵。在這種情況下，史蒂文森提出了第二種分析模式。這種分析模式的顯著特徵，在於承認倫理學術語中除情緒意義外，還有豐富多樣的描述意義。

史蒂文森認為，兩種分析模式各有其功能和特點：第一種主要側重於道德範疇的情緒方面，第二種則側重於描述方面。

首先，對於兩種分析模式來說，改變態度的原因有所不同，「對於第一分析模式來說，態度為倫理判斷所改變；對於第二分析模式來說，態度不僅為這種判斷所改變，而且也為定義所改變。」❷ 因為，第一分析模式主要是分析道德判斷的情緒意義，不涉及倫理學的定義；第二分析模式則並不在於顯露新的倫理內容，而是通過研究倫理學定義的形式來顯示新的倫理內容。

其次，在第二種分析模式中，倫理定義是說服性的，而在第一分析模式中的倫理定義卻是中立性的，沒有情緒或態度上的傾向性。因此，第二分析模式中的倫理定義本身就會影響到倫理語詞的描述意義和情緒意義的結合，而第一種卻不會如此。

再次，兩種分析模式所憑藉的推理方式雖然相同，但第一種分析模式的推理方式給予情緒陳述的支持是心理學上的，而不是邏輯上的。

---

❷ C. L. Stevenson: *Ethics and Language*, Yale University Press, 1944, p. 210.

　　當然，史蒂文森也提出，兩種分析模式的區別並不是根本的，而只是「外在的」，即在於「語言興趣的不同」。

> 我們可以得出如下結論：一種模式優於另一種模式的選擇，
> 是一種語言形式之間的選擇，而不論採用哪一種語言形式，
> 在可以被傳達的信念和可以發揮的影響中，都將有同樣的可
> 能性。❸

　　也就是說，兩種分析模式之間是相互影響的，任何一種都沒有使用意義上的優先特權；人們選擇這　種或那一種分析模式，不過是人們語言興趣的偏重而已。

　　在〈勸導性定義〉這篇論文的末尾，史蒂文森還進一步指出，第一種分析模式適合於一切非常一般性的倫理或美學語詞，「善」當然是這兩個領域中這類語詞的最好例子，而第二種分析模式則極可能適用於處理各領域中的任何比較具體的語詞。當然，在進行任何特定的論證之前，不可能預先斷定使用哪種分析模式為宜。

3.5　簡要的回顧與評價

　　透過史蒂文森關於道德語言的意義與功能的冗長、繁瑣、而又專業性極強的論述，我們可以看到：史蒂文森在維特根斯坦思想轉變的啟發下，發展了一種被稱為心理意義的理論。他認為，語言的意義不在於它所指稱的對象，也不在於它的證實方式，而在於語言

---

❸　C. L. Stevenson: *Ethics and Language*, Yale University Press, 1944,
　　p. 242.

使用者的心理傾向，即「一個符號的意義必須用使用該符號的人們的心理反應來定義」。道德語言由於長期在情緒環境中應用，因而逐漸獲得表達說話者情緒和引起聽者相應情緒的能力和傾向，這種能力傾向就構成了道德語言區別於科學術語的獨特意義。史蒂文森關於道德語言之意義與功能的觀點，明顯地修正了極端情緒主義的一些過激觀點，對情緒主義倫理學進行了系統化、體系化的思考、分析與論證，構成了其情緒主義倫理學體系的主要內容。

首先，史蒂文森繼承了自摩爾、維特根斯坦到艾耶爾的後設倫理學路線，把邏輯與語言分析方法作為自己的基本工具。在他的著作與論文中，他一再重申，其倫理學的主要任務就在於分析諸如「善」、「正當」、「應該」等的意義，描述能夠證明或論證道德判斷的一般方法。他指出，我們之所以對倫理問題感到很困難，是因為我們對於語言的使用很混亂，也就是說，當我們面對這些問題時，甚至我們不是很清楚，到底我們在問什麼。而且，在日常生活中，在公共交談中，道德術語的多義性、歧義性、含混性總是存在的、難以避免的。因此，首要的問題便應該是檢查問題本身。通過道德語言分析等方法，我們必須使問題清晰一些。——當然，道德語言分析的目的和任務不是力圖消除這些問題，或宣布這些問題是「偽問題」（極端情緒主義者語），而是要通過道德語言分析，使之不再成為犯錯誤的根源。

其次，史蒂文森當然也繼承了艾耶爾等人關於道德語言具有情緒意義的觀點，並把情緒意義作為自己倫理學思想的核心。但史蒂文森不同意極端情緒主義者把倫理或價值概念看成是「偽概念」、「假概念」，把倫理或價值判斷看成是「妄判斷」、「假判斷」，把倫理或價值的情緒意義上的表達說成是沒有意義的「廢話」、「胡說」。他指

出，情緒這個術語本身並不一定具有貶義色彩。可是，有些人有時把情緒這個術語當成了一個廢紙簍的標籤，這個廢紙簍裝滿了與科學目的無關或有害的各種各樣的語言用法；有時又把以任何混亂方式表達出來的東西，如那些擬人的、模稜兩可的、含混不清的、使人誤解的、支離破碎的表達，稱為情緒的表達。這也使得語言的情緒表達常常為人所誤解、忽視，而未得到應有的注意和理解。史蒂文森則希望把「情緒」這個詞作為一種深入研究的「工具」，而不是作為把語言的非描述性方面化為烏有的手段。顯然，史蒂文森對於情緒之意義的理解與辯解，是比較恰當的。而且，史蒂文森等情緒主義者抓住了道德之善惡等與主體情緒、情感、態度等密切相關這一至關重要的方面，並把這一點強調到至高無上的高度，這對於理解道德之善惡等的主體性特徵，匡正某些人視道德之善惡為客體本身或客體的屬性的觀點，是有積極意義的。

當然，認為道德之善惡不過是主觀情緒、情感、態度的表達，而未進一步深入到對主觀情緒、情感、態度之客觀基礎的考察，這又是史蒂文森等情緒主義者的片面、膚淺之處。西方一些現代倫理學家也發現了這一點，他們就並不同意把情緒作為道德語言的最顯著特徵。不過，由於史蒂文森等情緒主義者的挑戰，導致這些倫理學家們觀察人們實際使用道德語言的方式，然後盡力用比「情緒的」更精確的術語來陳述各種用法，這也是史蒂文森等人的又一個側面的貢獻。

再次，史蒂文森特別強調指出，道德判斷除了其情緒意義之外，還具有複雜的描述意義，不過，描述意義是次要的。他提出了分析道德語言的兩種分析模式，在第二模式中，他特別注意了其中的描述意義，並使之具有獨立自主的地位；即使在第一模式中，描述意

義也沒有被排除（儘管本來可以把它排除出去）。 應該說，指出道德語言不僅僅是情緒或態度的表達，而且還具有描述意義，這既是符合道德語言使用的實際的，同時也使得情緒主義變得溫和了。對極端情緒主義的這一修正，L. 賓克萊評價說，也許是史蒂文森的最大貢獻。許多當代倫理學家也都同意史蒂文森的這一觀點——道德術語確實有一個描述的對象，確實也要在一定意義上描述這一對象，儘管這種描述不是道德語言的主要特徵。

道德語言不僅具有情緒意義，而且具有描述意義，這一觀點也緩和了道德判斷「既不真也不假」這種自相矛盾的爭論。史蒂文森認為，後一種說法沒有任何意義，只能引起人們的誤解。如果指出道德判斷能夠具有真假性，只是它的描述真實性不足以支持它的情緒影響，那麼，這種說法就更準確，也更逼真。

第四、關於道德語言之功能的論述，史蒂文森無疑也超出了早期情緒主義倫理學家們。例如，在艾耶爾等人的情緒理論中，倫理語詞的主要功能被說成是表明或表達感情，艾耶爾只是順便地略為指出，它們也可能具有在他人身上喚起類似感情的功能。而在〈倫理判斷和可避免性〉(1938) 中，史蒂文森就已特別指出，倫理語言的主要功能乃是影響他人。後來，史蒂文森更是多次明確指出，倫理判斷的主要用途不在於陳述事實，而是要施加影響。倫理或價值判斷表達說話人的態度，而且一般說來，說話者是帶著希望其他人持相似態度的意圖的。倫理語詞不僅描述人們的興趣，而且通過建議、加強語調等方式加強或改變興趣，它部分地具有命令的力量，但又與命令句有微妙的區別，即以不自覺的方式使人作出改變。例如，他認為，「這是善的」的意思是：「我贊成它，你也贊成吧」，以用來加強或改變聽話者的態度。

　　第五、史蒂文森還獨創性地提出了所謂的「勸導性定義」,即賦予一個熟悉的語詞以一種新的概念意義, 這種定義在不改變倫理術語的情緒意義的條件下, 通過改變其描述意義, 從而達到自覺或不自覺地改變人們的態度的目的。勸導性定義的效果是通過描述意義和情緒意義的結合使用而達到的。在情緒上, 它對被定義詞給予讚揚、推薦或貶抑; 而在描述上, 它指出了讚揚或譴責的對象。前者給予勸導的力量, 後者給予勸導的方向。沒有這兩種意義的共同作用, 勸導就或者缺乏力量, 或者缺乏方向。

　　勸導性定義是倫理學中經常運用的最重要的哲學性質的方法之一, 是人們試圖用以影響他人、改變他人態度的許多可能的方法之一。每一個人、每一個學派都在利用道德術語的描述意義和情緒意義的二元性質, 或者改變描述意義, 如把「善是整體利益」變為「善是個人利益」, 從而把「善」的情緒意義加在個人利益之上, 使其他人對其「個人利益」持贊成態度; 或者改變情緒意義 (如「不要受『義務』的束縛, 因為『義務』是弱者的『保護傘』」), 把改變了的情緒意義 (由褒而貶) 加在原來的描述意義上。

　　勸導性定義在史蒂文森倫理學中占有非常重要的地位, 也是公認的史蒂文森對情緒主義倫理學的最主要貢獻之一。

　　總之, 史蒂文森在關於道德語言的意義與功能方面, 修正了極端情緒主義的一些過激觀點, 提出了一系列新的觀點; 但總的來看, 他並沒有改變情緒主義的基本立場, 其理論不過是情緒主義倫理學思想發展的邏輯必然。史蒂文森自己也十分樂意承認自己的觀點繼承了艾耶爾等人的情緒理論。史蒂文森曾經坦言, 他的工作與其說是對艾耶爾等人的觀點進行攻擊, 不如說是為艾耶爾等情緒主義者的觀點進行辯護。

　　史蒂文森對道德語言的意義與功能的分析曾經在西方倫理學界產生過重大影響。L. 賓克萊甚至說，自從《倫理學與語言》一書發表以來，沒有任何一本道德哲學的著作不受它的影響。L. 賓克萊的這一看法雖然不盡全面，但確實指出了在非認識主義倫理學的發展過程中，史蒂文森的承先啟後的重要地位、及其理論上的貢獻和失誤。對於這一點，至少一大批英美倫理學家們是十分贊同的。

第四章　倫理學分析方法

　　一種具有獨到之處的倫理學研究，不僅需要提出自己的獨特觀點，而且更需要在方法論上進行「獨到的」研究，以那些「與眾不同」的方法去解決問題。

　　作為一種在西方倫理學史上占有重要地位、且創意迭出的倫理學理論，史蒂文森倫理學在方法論上，以其大量的創見與鮮明的特色，向世人交了一份極有份量的答卷。

　　總的來看，史蒂文森關於倫理學分析方法的論述極為複雜，甚至極為瑣細，同時充滿著史蒂文森特有的學究氣，把握起來十分困難。但概括起來，其內容還是十分豐富的。大致說來，有如下幾個方面的內容。

4.1　科學的方法對於倫理學是不夠的

　　關於倫理分歧與一致的學說，既是史蒂文森倫理學研究的出發點，也是其倫理學方法研究的基礎。在史蒂文森看來，倫理學方法研究的目的，最主要就是用來揭示、消解倫理分歧，以達到倫理一致的。因此，在一定意義上，他的倫理學本身與其說是道德理論的一般研究，倒不如說是某種「元」層次的研究的方法問題。透過史

蒂文森的倫理學論著，可以發現這一突出的特點。

與艾耶爾等邏輯實證主義者不同，史蒂文森把自己的理論建立在「對日常生活的觀察」之上，因而他從不否認現實中實實在在存在的倫理道德分歧。對於艾耶爾等極端情緒主義者關於道德判斷是偽判斷，倫理表達沒有意義，沒有什麼好爭論的極端觀點，史蒂文森並不同意，而且以他的兩種分歧的理論給予了駁斥。史蒂文森指出，諸如「趣味無爭辯」等格言，只是在非常狹義上理解才是適當的。誠然，在人們是否喜歡吃某一種食品、喜歡聽某一種音樂上，爭論不休是沒有意義的，這時認識到「趣味無爭辯」，常常能結束一個已變得令人生厭的爭論。但是，在諸如道德分歧之類問題上，就不會是無須爭論的。在一個社會中，人與人、人與社會之間是相互依存的，相互制約的，任何人都不能脫離社會、或無視他人地、隨心所欲地「自由」生活。生活本身是需要一定的社會行為標準、一定的社會行為規範的。對於調節人與人之間社會關係的道德規範之類問題，諸如是贊成偷竊，還是反對偷竊，這時就不可能不爭論了。而且不僅要爭論，甚至還要求得態度上的一致。——如前所述，史蒂文森指出，日常生活中的爭論即倫理分歧包括兩種基本類型，即所謂「信念上的分歧」和「態度上的分歧」，這兩種分歧常常是互相影響的，但態度上的分歧在爭論中起著統一的和支配的作用，當態度上的分歧解決後，即使確實還存在大量的信念上的分歧，但倫理學上的爭論通常也就結束了。因此，態度上的分歧的解決，對於解決倫理爭論起著決定性的作用。

但是，「用什麼樣的論證方式或探討方式才能消除這種分歧？它能否通過科學的方法來加以解決？或者需要某種其他的方法才能解決？或者根本不能得到任何合理的解決？」❶ ——或許我們還記得，

在《倫理學與語言》中，史蒂文森曾經開宗明義地把能夠證明或論證道德判斷的一般方法，作為自己後設倫理學研究的兩個目的之一——對這些問題的回答也構成了史蒂文森倫理學研究方法的基本特色。**①**

那麼，證明或論證道德判斷，解決倫理分歧的方法，應該是一種怎樣的方法呢？科學的、經驗的方法，對於倫理學來說，是否適當？是否夠用？史蒂文森首先對這些問題進行了分析、探討。

史蒂文森認為，倫理分歧與倫理一致的分析包括信念與態度兩個方面，因此，倫理學分析的基本方法也必須是雙重的。信念上的分歧或一致表明人們在認識上的異同，態度上的分歧或一致反映出人們在情緒、情感、欲望等方面的異同。與之相適應，道德判斷既具有描述意義，又具有情緒意義。因此，解決倫理分歧、達到倫理一致的分析方法必須具有理性與經驗（或曰非理性）的雙重特徵。當然，正如「信念是態度的嚮導」一樣，理性的方法是非理性方法的必要前提。

所以，由於倫理分歧存在信念上的分歧與態度上的分歧的區分，因而解決倫理分歧，甚至倫理學研究方法也就各不相同。這也就是說，倫理學方法，一類是理性的，另一類是非理性的。具體運用哪一種方法，關鍵在於具體的道德情形是怎樣的。

針對人們常常相信、並且運用科學的、理性的方法解決倫理道德問題，史蒂文森明確指出，科學的、理性的方法是不夠的。

史蒂文森指出，道德爭論既包含著信念上的分歧，又包含著態度上的分歧，而且態度上的分歧還居於支配地位，並由此把道德和科學區分開來。因此，在倫理學中可以使用科學的方法（主要是經

---

① C. L. Stevenson: *Facts and Values*, Yale University Press, 1963, p. 1.

驗方法和邏輯方法）， 但其有效性則取決於這樣一個心理事實，即信念的改變可以引起態度的改變。科學方法只有通過經驗觀察、理論分析等手段有效地改變人們對某問題的信念，而且，當這種改變進而影響到態度由分歧達到一致時，才能說它對倫理學是有效的。這是科學方法的限度。因為在邏輯上至少存在著這樣一種可能性：當二個人在信念上取得完全一致後，在態度上依然保持分歧。氣質、性情上的不同，幼年教育上的差別，社會地位的高低，都有可能使他們在承認所有科學事實的情況下，繼續保持不同的道德態度。這就是說，並非一切道德分歧都以信念上的分歧為基礎，態度上的分歧也不完全取決於對事實的認識，只有在根源於信念的態度分歧的範圍內，科學方法才能成為解決道德問題的工具。既然沒有理由認為一切分歧都屬於這種分歧，那麼科學的方法對倫理學就是不夠的。

在倫理學研究中，有些人總是希望，理性方法對倫理學也像對科學那樣無所不能，希望將來某一天，當一切人都知道自己行為的結果時，就會有共同的渴望、態度，並在道德上完全和諧地生活。這實在是對科學方法的過分要求。因為在倫理學中，科學方法只能幫助解決問題的某個環節，只能清除達到道德一致的個別具體障礙，而無法達到道德的終極和諧（順便說一下，這種終極和諧是根本達不到的）。 以往的倫理學理論總是一次又一次地宣稱它們找到了道德的最終基礎，發現了適用於解決一切倫理問題的理性方法，但最後總是證明，這不過是他們的錯覺而已。因為倫理學中沒有任何東西是永恒的，所謂「至善」不過是一定時期人們情緒、情感、態度的理想化。既然人為的態度、情緒、情感變動不居，一個人可以和其他人的態度、情感產生矛盾，一個人自己前後的情緒、情感、態度也會發生矛盾，科學方法又怎麼能成為解決一切問題、消除一切

分歧的不變模式呢?

　　關於這一點，還可以從科學方法本身的局限性來看。情緒主義產生以前，特別是休謨同時代或以前的不少哲學家認為，道德可以如幾何學或代數學那樣進行研究，加以論證，道德也可以如自然科學一樣建立起來。這在以前的倫理學研究中，屢有人嘗試。如斯賓諾莎(B. Spinoza, 1632~1677)的《倫理學》，就是按照歐氏幾何和牛頓力學的方式建立起來的。

　　休謨徹底打破了這一研究傳統。休謨認為，事實與道德之善惡等是兩個不同的領域。善惡並不是可以理證的，道德並不是理性的對象;人的行為的善惡等只受愉快或不愉快的情緒或情感的支配或指導，面對善惡等道德問題，以理性為特徵、以客觀事實為對象的科學是無能為力的。因為，科學所研究的關係與道德關係不同，前者的聯繫詞是「是」或「不是」等，而後者的聯繫詞是「應該」或「不應該」等。根據邏輯規則，道德關係既然不在科學所研究的諸種關係之內，它就不可能從那些關係中被推導出來。理性、科學只能回答「是什麼」的問題，而不能告訴我們「應該怎樣」的問題。而休謨發現在以往的道德學體系中，普遍存在著一種思想躍遷，即從「是」或「不是」為連繫詞的事實命題，向以「應該」或「不應該」為連繫詞的倫理命題的躍遷，而且這種思想躍遷是不知不覺發生的，既缺乏相應的說明，也缺乏邏輯上的根據、理由和論證。即以前關於倫理知識的推導與論證，其本身都是需要論證的，其合理性都是尚成疑問的。建立在這種尚成疑問的、需要論證的推導與論證基礎上的倫理學，當然是值得懷疑的。休謨這位懷疑論哲學家，正是通過這種根源性的追問，使得倫理學之為科學，需要一種新的解答、新的說明。

後來一些哲學家進一步發展了休謨這一甚至尚處於萌芽狀態的、並不成熟的思想，並冠以所謂「休謨法則」或「休謨律」。 堅持「休謨法則」或事實與價值的「二分法」的人們認為，事實與價值分屬二個完全不同的、互不相關的領域，事實判斷並不承擔價值判斷，或說具有某種「承擔裂隙」。 近代以來，西方這種「裂隙」觀普遍流行且影響深遠。例如，情緒主義學派認為，只有當一個命題或者是分析的即邏輯重言式命題，或者是經驗上可證實的命題時，才是有意義的，才是科學知識；而是否「有意義」， 是區分科學與非科學的劃界標準。按照這一界定，由於倫理或價值判斷本身不是分析的，也不能如事實判斷一樣訴諸於經驗事實，甚至也不能簡單地分解或還原為經驗上可加以證實或證偽的事實判斷，因而倫理或價值判斷便被其排除在科學知識的範圍之外，倫理學或價值論也就不是科學。

儘管二分對立者們明顯地太極端了，在科學與道德之間掘了一道不可逾越的鴻溝，是不符合事實的，但是，它們卻以極端的方式突顯出來了，科學的、理性的方法對於倫理學來說，是有局限性的。科學方法只能是或依據事實、信念，或依據邏輯進行推理，而不能直接決定態度。因此，即使兩個人都沒有犯任何邏輯錯誤，也沒有忽略任何事實上的證據，其態度依然可以相異相悖。例如，A 提出一個判斷，「X是善的」，用科學方法可以加以論證；而B說「X不是善的」，也能夠從經驗中得到證實。如果我們把倫理學的方法總結為科學方法，我們就不得不承認，雙方都是正確的，他們之間沒有真正的分歧，儘管事實上他們確實存在著對立。

特別是，道德術語與科學術語不是完全可比的。道德術語具有一種準祈使的功能，具有一種情緒意義；儘管它們也具有一種描述

功能，但這種功能常常相伴而生的是多義性與含糊性。由於這兩方面的原因，從以上的考察可以發現，科學與倫理學在方法論上的區別在於這樣一個事實：道德判斷既有描述意義也有情緒意義，而科學判斷只有描述意義。因此，倫理學的方法不僅要求證實或證偽其判斷的描述成份，而且要論證其情緒成份。

史蒂文森還用他的工作模型對這一點進行了分析。就「這是善的」這一道德判斷來說，其工作模型由(1)「我贊成這個」和(2)「你也贊成吧！」二者結合而成。對於(1)句子來說，它是對一個說話者精神狀態的斷言，就如同一切心理學陳述一樣，它是可以得到經驗的（反省的或行為的）證實或證偽的。但句子(2)卻是一個祈使句，根本無法被證明，要求證明本身就是荒謬。因此，這裡我們似乎只能得出一個令人苦惱的貧乏結論：「如果一個人說『X是善的』，並且能證明他真的贊成X，那麼人們無論對該陳述提出什麼樣的疑問，他都能給予恰當的證明。」可見，道德證明的內涵極為貧乏。它給人一種印象，似乎它只能得到不完全的證明。

不過，上述結論的得出，是由於人們默認了如下一個假定的前提：「倫理學中的證明必須與科學中的證明絕對相同」。可事實上，倫理學、特別是規範倫理學絕不是科學的一個分支。史蒂文森指出：

> 規範倫理學是心理學一個分支的看法，常常是那些急於與超驗倫理學劃清界線、但又找不到第三條道路的人提出來的。這些看法無形中助長了混亂。首先，它的意思是說，倫理學結論可以建立在某一門科學基礎之上，所以可留給專家來處理；但是，我們已經看到，並且後面將更清楚地看到，道德問題實際上涉及到所有學科的知識。其次，它使規範倫理學

過分理智化了，使一個事實上包括全部人格內容的學科具有了純認知的外觀。一個心理學家必須懂得，他只是認識衝突。而一個面臨道德抉擇的人要做的決不僅僅是認識，他還必須使自己的信念發揮作用，從而調整他的情感生活。❷

也正因為如此，倫理學需要發展、應用新的方法，需要比科學的、理性的方法更多的內容。

4.2　理性方法

在前面我們已經證明了，科學的、理性的方法對於倫理學是不夠的。但史蒂文森也一再聲稱，說科學方法不足以消除倫理分歧，並不是說倫理學不能使用科學方法。相反地，對於科學方法在倫理學中的地位和作用，還必須給予應有的肯定。——這是他與邏輯實證主義者、極端情緒主義者的一個重要區別。

按照史蒂文森關於倫理分歧的理論，倫理分歧爭論的解決，一方面是信念上的分歧的解決，另一方面是態度上的分歧的解決。而且，改變態度的一個途徑是從改變信念入手。——通過改變人們的信念，進而改變人們的態度。這種做法是一種典型的理性方法。

在任何情況下，對內在價值的強調都不允許人們忽略使用關於事實問題的理性，這些理性對倫理學判斷的心理學關係，構成了倫理學方法論的特殊方面。❸

---

❷　C. L. Stevenson: *Ethics and Language*, Yale University Press, 1944, pp. 133–134.

史蒂文森堅持，這種理性的方法，如關於事實性問題的邏輯推理、真假分析，也是倫理學的一種基本的、常見的方法。當然，如前所述，由於倫理分歧的解決，歸根結底的、決定性的是要求態度上的分歧的解決，要求爭論的一方或者雙方改變或調整自己的態度，因而這種理性方法無論在理論上，還是在實踐中，都不是決定性的。

4.2.1 邏輯方法

史蒂文森反對把倫理學歸結為純粹的經驗科學，反對把倫理學和心理學同一化，因此也不贊成把倫理學方法訴諸於經驗論。他說：「經驗的方法對於倫理學來說是不夠的。在任何情況下，倫理學都不是心理學」。相反，倫理學問題的分析必須先求助於理性的方法。因為，「態度上的分歧根植於信念上的分歧」，態度上的一致也必須以信念上的一致為前提，要改變人們的態度，先得從改變他們的信念入手，然後通過改變態度達到真正的倫理一致，而要達到這一目的，倫理學的分析首先必定是理性的、邏輯的分析。

在第一分析模式的方法論探討中，史蒂文森把日常的比較常見的道德分歧分為四組，這裡分別涉及到了形式邏輯、心理觀察的經驗事實等。史蒂文森認為，使用某些科學的、邏輯的方法，都會程度不同地有助於消除倫理分歧、結束倫理爭論。下面我們就具體地來看一看涉及到邏輯方法的一組例子。

第一組。這一組的例子說明倫理學方法與事實方法具有某些相似之處，理由可以論證或反駁倫理判斷。

(i) A：救濟失業者是好的。

---

❸　C. L. Stevenson: *Ethics and Language*, Yale University Press, 1944, p. 205.

B：可是你剛才還說，救濟會使人喪失自己的獨立精神，因此任何有這種結果的事都不好。

在這一爭論中，B直接向A表明，當他贊成為失業者提供救濟時，實際上他正在走向自己以前觀點的反面，因為他曾經強調，任何使人喪失自己的獨立精神的事都不應當是好事。B在爭論中顯然運用了邏輯方法和規則，它指出A在為兩個互相矛盾的觀點辯護，如果A要保持邏輯的一致，他就必須放棄其中的一個觀點。當然，必須注意的是，倫理學術語常常是比較含混的，甚至是模稜兩可的，這可能使表面上的語詞矛盾不那麼明顯。

(ii)A：毀約總是錯誤的。

B：你不考慮考慮就說話，在很多這樣的情況下，你是贊成毀約的。

B的回答是一個經驗論斷，但在邏輯上與A的判斷是相矛盾的。根據邏輯一致性原則，A必須或者駁斥B的論斷，或者放棄自己的道德判斷。

但是科學方法的作用也僅限於此。它只能指出諸如對方違反了矛盾律，不能同時堅持互相矛盾的觀點，但它卻不能決定究竟應該堅持哪一個，放棄哪一個。史蒂文森認為，當爭論雙方中的任何一方作出自相矛盾的倫理判斷時，是能夠給予嚴厲駁斥的。但是，第一，對方放棄的是一個判斷，邏輯並無法決定它是哪一個；第二，即使前後一致的判斷也同樣可以受到駁斥，這可能是因為對方不能接受該判斷的情緒影響，也可能是因為對方對它缺乏興趣；第三，儘管一方可以用倫理學前提構造一個有效的三段論，從而得出相應的倫理學結論，但對方是否接受這一結論，將取決於他是否接受其前提，也就是說，對於合理地接受令人感興趣的倫理判斷，形式邏

輯只能提供必要條件，而不能提供充分條件。

(iii)A：他們的朋友都厚顏無恥地不講道德。

B：你並不完全了解他們，不應該做這種包容一切的概括。

A：我認識他們之中的許多人，例如C、D、E……等等。他們的厚顏無恥很可以證實我的判斷。

這一倫理爭論中運用了某種歸納方式。A 從具體的道德判斷「C是不道德的」，「D是不道德的」，等等出發，得出結論：C和D所屬的那一類人的全部成員都是不道德的。不過要注意的是，這裡的具體的道德判斷與科學中的歸納判斷不同，它們包含著態度上的分歧。「以達到信念一致的方式達到態度一致，這種歸納方法在倫理學中是沒有用的。」❹

總之，邏輯方法在倫理分歧的解決過程中是有一定作用的，但這種作用也是有條件的。這正如史蒂文森所指出的：「如果某種倫理學爭執確實植根於信念上的分歧，那麼，只要信念問題可以解決，倫理爭執也可以由推理和探究來解決。但如果某種倫理爭執不是植根於信念上的分歧，那麼，就不可能有任何理性解決的方法。」❺

4.2.2　替代證明

史蒂文森指出，道德術語與科學術語不是完全可比的，道德判斷也不同於純粹的科學判斷，它們具有一種準祈使的功能，具有某種情緒意義；即使其具有描述功能，由於與這種功能相伴而生的是

---

❹　C. L. Stevenson: *Ethics and Language*, Yale University Press, 1944, p. 118.

❺　C. L. Stevenson: *Ethics and Language*, Yale University Press, 1944, p. 138.

多義性和含糊性；因而關於道德判斷的證明，可以有一種與科學證明不同的證明方式，即「替代證明」的方式。

> 倫理學中是否存在某種『替代證明』的東西，例如某種支持或者用理由來辯論，它們雖然與科學中的證明不同，但同樣有助於消除人們的疑惑，而通常正是這種猶豫不定才使人們要求證明的。❻

也許有人會說，「替代證明」之類邏輯上缺乏嚴格必然性意義的證明方式，會使倫理學喪失理性基礎，或喪失道德證明絕對必需的「公認的有效性和合法性」。

但事實並非如此。我們以祈使句為例。對於任何祈使句，都存在某種至少可以支持它們的理由或論據。例如對祈使句「把門關上」，我們就可以問一個「為什麼?」。這個「為什麼」就是在要求一個理由：「因為風太大」或者「嘈雜聲音使人心煩意亂」，等等。又例如，對祈使句「你應努力工作」，你也許會問「為什麼」，答案或許是這樣的：你如果不努力工作，就會成為一個不幸的外行。這些理由與問題之間儘管沒有嚴格的論證性或歸納性邏輯聯繫，無法稱之為「證明」，但他們卻「有效地」「支持」或「類似證明」著祈使句，把祈使句建立在與事實具體聯繫的基礎上。它們仍能消除阻礙人們接受該祈使句的懷疑和猶豫，因此是類似於證明的東西。

更一般地，對於任何倫理語句來說，支持性理由或「替代證明」是通過改變信念，進而改變態度，或者說是「通過達到信念上的一

---

❻　C. L. Stevenson: *Ethics and Language*, Yale University Press, 1944, p. 27.

致的途徑形成態度上的一致」的。當一個人對「X是善的」問「為什麼」時，就表現了他對之的猶豫不決，即雙方存在態度上的分歧。這時，人們一般並不要求他證明自己現在的確贊成X，相反倒要求他能提出使他們接受他的態度的埋由，並且表明人們不會被他引到連他自己也一無所知的情境中去。可見，支持性理由或「替代證明」在倫理學中是特別重要的。

　　如下的一個例子和穿插其間的評論，將比較具體地顯示出支持性理由在道德爭論中的作用：

　　A：瓊斯本質上是一個好人。

　　這個判斷包含有兩個內容，一方面斷定A讚許瓊斯，另一方面發揮祈使作用，使聽者B形成相似態度。

　　B：你為什麼這樣說？

　　B對於是否讚許瓊斯，表現出猶豫不決或不願意的態度。A和B之間顯然出現了態度上的分歧。

　　A：他粗暴的作風只是一種假象，其實他的心地最善良。

　　現在A提出了一個理由，這個理由描述了瓊斯所具有的某種特徵，這個特徵也許B並不知道，而且可能引起B的好感。

　　B：如果真是這樣，那是很有趣的。但他是否曾在行動上表現出這種善良的心地呢？

　　B承認A提出的理由是相關理由，但卻懷疑它的真實性。這時候，信念上的分歧開始在爭論中發揮重要作用。前面已說明，這種信念上的分歧與態度上的分歧密切相關，因為，在瓊斯是否心地善良這一點上，如果A和B能夠形成一致信念，那麼，對於是否讚許瓊斯，他們也就可能形成一致的態度。

　　A：有這種表現。他的老僕人告訴我，瓊斯從來沒有對她說過

一句粗暴的話，最近又給了她一筆優厚的養老金。這樣的例子很多。實際上我就親眼看見……

　　Ａ在這裡提出了一個經驗證據──不是直接證明他的初始判斷，而是證明他對初始判斷提出的支持性理由。

　　Ｂ：好吧，我承認我不太了解他，也許他是個好人。

　　Ｂ這時接受了Ａ的初始判斷的祈使或準祈使要求，表示了他對讚許瓊斯的認可。Ａ提出並給予了證明的理由，從而改變了Ｂ不願讚許瓊斯的態度。信念一致導致了態度一致。

　　這個例子以簡略的形式表明了，某些重要理由是如何支持道德判斷、以及理由怎樣才能成為與問題相關的證據的。它還表明了，一些支持性理由常常能夠非常自然地解決某些問題。它們使聽者自願地接受了對方的判斷，絲毫沒有感到這種判斷是「武斷的」，「專橫的」，或者是絲毫沒有根據的。

　　當然，這種理由或「證明」還不足以為道德提供一個合適的基礎，它只有在「信念一致能引起人的態度一致」的範圍內，在理論上才能是可能的。抑制與檢查那些影響人們態度的無聊幻想和新奇時尚，避免「把道德建立在流沙之上」，還需要更嚴格的證明。

　　總之，信念因素、知識系統具有重要的倫理功能，科學方法、理性方法對於消除倫理分歧、解決倫理爭論，是具有一定作用的。但是，理性的方法卻具有自身的局限性。只有當態度上的分歧植根於信念上的分歧，並且可以通過信念上的一致達到態度上的一致的情況下，理性方法才能對道德爭執達到統一的看法。可是，有些態度上的分歧很可能並不是由於信念的不同而造成的。即使信念相同的人，對於相同的道德問題仍然可能持有不同的態度。這正如史蒂

文森所設想的:

> 確切地說，有些道德觀點的分歧是因為人們的利益衝突而產
> 生的。有些國家就主張給勞苦大眾以為自己申辯的權力。還
> 有一些道德觀點的分歧是由於人們性格的不同而造成的。比
> 如，一個情欲旺盛而情感獨立的青年與一個情欲冷淡而又缺
> 乏情感獨立意識的人，在自由戀愛問題上所持的態度就各不
> 相同。❼

　　史蒂文森指出，相悖的道德原則常常可能都具有充分的證明理
由而共存。「那些為規範倫理學尋求一種絕對權威性方法的人，以
及那些想要排除相悖道德原則共存可能性的人，同樣有充分的理由
為自己的觀點進行辯護」，但他們可能只是在「維護一種謬論」❽。
為避免讀者以為還可為自己的道德標準找到一個更為可靠的理論根
據，史蒂文森又指出：「至於證明理由並非是根本依據的問題，當
今倫理學的研究無法作出一種確定的預言。必須牢記，儘管形而上
學者做出了更為振奮人心的允諾，但他們卻是永遠無法兌現這些空
頭諾言的。」❾

　　這裡必須強調指出，「倫理推理並不一定僅限於簡單孤立的論

---

❼　C. L. Stevenson: *Ethics and Language*, Yale University Press, 1944,
　　pp. 136–137.

❽　C. L. Stevenson: *Ethics and Language*, Yale University Press, 1944,
　　p. 31.

❾　C. L. Stevenson: *Ethics and Language*, Yale University Press, 1944,
　　pp. 122–123.

證陳述，……要支持某個倫理判斷，往往需要對與之相關的所有信念進行系統的表達。」❿在這一信念系統中，經過仔細的衡量，選擇那些最能影響態度的信念，加以巧妙的組織和分類，從而對道德判斷進行論証。在這一過程中，還必須注意的是，「任何從科學結論中作出的這種選擇，不管是有意識的還是無意識的，都不能忽略那些與作者可能具有的倫理目標相對立的因素。」⓫應對「問題另一方面」的論點給予充分的注意，從而使它們與所宣揚的論點保持平衡。

4.3 非理性方法

由於態度上的分歧是倫理分歧的本質，倫理分歧的解決常常是要達到態度上的一致，因此，以解決信念上的分歧為主要目標的理性方法無論在理論上，還是在實踐中，都不是決定性的。那麼，對於那些因理性方法不能解決問題的人來說，是否還有其他方法呢？或者說，是否存在足以解決倫理分歧的「非理性方法」呢？

史蒂文森認為，這種方法顯然是存在的。

倫理爭論的解決要求態度上的分歧的解決，因此要求一方或者另一方（或雙方）改變或調整自己的態度。改變態度的一個途徑是從改變信念入手。……這種做法具有理性方法的典型特徵。但還有改變人們態度的其他方法，這些方法以改變

---

❿ C. L. Stevenson: *Ethics and Language*, Yale University Press, 1944, p. 129.

⓫ C. L. Stevenson: *Ethics and Language*, Yale University Press, 1944, p. 129.

信念的理由為中介。和所有心理學現象一樣，態度是多種決定性因素的結果，而在其他的因素中間，信念則只表示一組因素。在其他因素根據一種論證的過程控制的範圍內，它可能有助於改變人們的態度；這兩者都是或都可以用作一種確保倫理論證的手段。這種程序構成了倫理學的「非理性的」方法。❷

值得注意的是，這裡「非理性的」(non-rational)一詞是在與「理性的」(rational)和「反理性的」(irrational)相對立的意義上使用的。反理性的方法在其使用了理由的意義上，也可以說是理性的。因為它同樣要通過推理本身運用理性，只是不與其苟同罷了。而非理性的方法則完全超出了運用理由——當然，這裡「理由」是指表達信念的陳述——的範圍。它在「使用推理」之外，或者更具體地說，它是基於道德經驗的層次，運用感性（情緒、情感、態度、心理、欲望等），而不是運用理性（推理等）來解決倫理分歧的。

4.3.1　心理方法

史蒂文森雖然反對把倫理學等同於心理學，但他認為，心理方法仍是倫理學中不可或缺的方法。這可以從他關於第一分析模式的方法分析中，明顯地表現出來。（下面的幾組例子是接著4.2.1「邏輯方法」的次序安排的。）

第二組。這一組以及以下幾組中，倫理判斷與證明理由之間的關係都不是邏輯上的，而受到與之有心理聯繫的理由的支持和反對。

---

❷　C. L. Stevenson: *Ethics and Language*, Yale University Press, 1944, p. 139.

這些理由通過改變信念來修正或加強態度。

特別地，在這一組例子中，證明理由指出了一個行為性質及其後果。例如：

(iv)A：已提出的納稅議案整個說來是相當糟糕的。

B：我對這個議案所知甚少，但傾向於贊成它，因為高稅率有利於促進借貸。

A：它提出對一些生活必需品徵收銷售稅，並把所得稅的減免率降低到難以置信的程度。

B：我過去沒有意識到這一點。我必須研究一下。也許我會和你一樣反對這個議案。

A向B指出他所判斷對象的性質，以此支持自己的倫理判斷。由於B在心理定勢上反對任何這類性質的事情，所以他表示，除非進一步的研究提示出與此相反的東西，否則他願意改變自己的態度。但是，如果B在心理定勢上並不贊同，他就會認為A的理由是不能令人信服的，討論就會變成一場關於這類性質的事情究竟好不好的爭論。而這是可以使用任何實證方法加以解決的。

(v)A：已提出的納稅方案整個說來是不好的。

B：我幾乎對它一無所知，⋯⋯

A：它給窮人增加了很大的負擔，對富人卻沒多大影響。

B：我沒有認識到這一點，⋯⋯

這個例子與例(iv)相似，不同的只是A是通過指出判斷對象的後果，而不是其性質來論證他的判斷的。其理由的影響力，將取決於B對這些後果的態度。

從理論上說，倫理爭論中可以考慮的後果的數量是無限的；但在實踐上，遙遠的後果很少能為人所知，也正因為這些後果是那樣

的遙遠和不確定，所以對現在的態度影響甚微。因此，在很多倫理學爭論中，注意的焦點是那些不遠的將來將出現的後果。有人也許會義憤填膺地譴責這些討論「目光短淺」，另一些人則會推崇備至地稱讚這些討論是「現實主義」的。在這裡，我們要做的不是譴責或讚揚爭論，也不是判斷別人的譴責或讚揚，而只是必須說明，既然這類爭論在許多方面彼此截然不同，那麼任何一般的譴責或讚揚都可能會太抽象、太籠統，而沒有什麼實際意義。

(vi)A：政府應更嚴厲地限制專賣藥品的銷售。

B：這會干涉企業自由。

C：是的，但它肯定會增進最大多數人的最大幸福。

這裡，爭論的中心仍然是後果，不過是更寬泛的一種後果。為了決定某事應不應該做，倫理學理論常常提出某種非常寬泛的後果來作為根據，如功利主義者的「功利」、「快樂」、進化論者的「進化」、幸福主義者的「幸福」，等等。任何人只要贊成這些後果之一，並且相信既定的 X 有助於引起這種後果，他們最終都會贊成 X──除非某種其他的後果比這種後果更重要。

第三組。在這一組中，倫理判斷受到與之有心理聯繫的更廣泛的經驗理由的支持。它主要是要通過解決爭論的關鍵問題，來揭示一個行為的動機或一種態度產生的根源。例如：

(vii)A：C 對年長於他的那位朋友的彬彬有禮的風度真讓人傾慕。

B：如果你知道他是多麼急於進入他這位朋友的公司，那麼，你也許就不會這麼說了。

A：是的，如果是這樣，事情就不同了。

在這個例子裡，支持B的倫理判斷的，不是C彬彬有禮的性質或

實際後果,而是他這樣做的動機——倫理學家們總是特別注意動機。A對這種動機的態度改變了他對C的禮貌行為和C本人的態度,因此收回了他的初始判斷。

(viii)A:選舉是你的義務。

B:不,我參加選舉對於最終結果毫無意義。

A:你總不希望所有人都採取你這種做法吧!

A的回答,雖然沒有提到指出任何直接結果,但卻能使人聯想到間接的後果。這些間接的後果是不能接受的。

(ix)A:你答應過要發言,就應該發言。

B:不幸我實在無能為力,我的健康不允許我這樣做。

這個例子涉及了一個判斷所發生影響的結果。A盡力向B施加影響,要求他發言。如果B的回答是真實的,那麼不管A的判斷對態度有什麼影響,也達不到使B發言的預期效果。A認識到這一點後,就可能收回他的判斷。

(x)A:他那樣做真無恥,絕不能寬容。

B:但處在他那種情況下,誰又能不這樣做呢?人性就是如此。你的標準太嚴厲了,不切實際。

A對某人的行為持反對態度,希望能夠制止這一行為。但B指出,這種態度實際上不可能制止那種行為,因為人性傾向於這樣做。明白了這一點以後,A可能就不再堅持那個不怎麼適用的判斷了。

第四組。在這一組中,最為關心的不是解決態度上的分歧,而是暫時避開使人困窘的影響,或者改變這種影響賴以發揮的手段。例如:

(xi)A:你對你的雇員太嚴厲了。

B:但你肯定沒有這樣說的權利。如果調查一下,你在自己

的工廠比我還厲害。

B發現A的判斷是羞辱性的，因而在這裡實施反擊。他在回答中暗示了一個令人更加難以接受的判斷，希望以此來使A沉默。他假定，A將寧可收回自己的話，也不願成為這種判斷的對象。這種以其人之道還治其人之身的辯論方式，就如同「住在玻璃房子裡的人不應該扔石頭」一樣。

(xii)A：你游手好閒浪費青春真不知羞恥。

　　B：你自己年輕時還不是一樣。

　　A：我過去確實如此，但你應該從我的不幸經歷中汲取教訓。

這裡B也作了一個反擊。但注意，現在這種反擊不再有效。反擊成功與否，取決於對手是否渴望逃避羞辱，而不取決於對手是否渴望保持自己的影響。

(xiii)A：無論怎麼說，你都應該投他的贊成票。

　　　B：你勸我這樣做的動機很明顯，你認為他會讓你負責這個城市。

這裡B表示他已「完全看穿」了A的動機之所在，希望以此使A不要再說了。A也許會繼續向別人兜售他的這個判斷，但如果B的責難明顯正確的話，他就不可能再去勸說B了——這或者是因為A已經明白這樣做是不會成功的，或者是因為希望避免因B的指責所帶來的羞辱。

從以上一系列的、儘管並不全面的例證中，我們可以發現，信念與態度的聯繫仍然主要是心理上的，它在心理上對態度具有一種綜合影響力。

此外，史蒂文森的上述論證都是基於他的第一分析模式的。但他認為，其結論對於第二分析模式也是適用的。他指出，第二分析

模式雖然較第一分析模式更注意倫理概念的描述意義，但就其方法的基本特徵來說，與第一模式並沒有區別。按照第二分析模式，也可把倫理爭論分為四種，前三種的爭論是由於基於信念上的分歧而產生的，因此可以通過科學方法達到信念一致進而消除爭論。而第四種分歧，是由於信念完全一致但雙方的興趣、愛好不同而爭論不休，因此代表著一種理性方法完全無力解決的分歧。在這裡，他又得到了和前面相同的結論，只有當倫理分歧根源於信念分歧的條件下，科學方法才能解決道德爭論。進而言之，即使在第二分析模式中，描述意義仍然常常是第二位被考慮的因素，且倫理術語在描述上具有多重含義，我們推薦或接受它的這個而不是那個描述意義，認為它代表這個而不是那個性質，都是心理上的愛好所致，而沒有任何邏輯必然性。我們今天喜歡這個，可以說「這是善的」，而明天喜歡那個，同樣可以說「那是善的」，二者之間並沒有任何邏輯矛盾。

4.3.2　勸導法

非理性的方法很多，甚至像使用物質獎勵和懲罰、舉行各種形式的公開抗議和展覽，都可以看作是非理性的方法。但史蒂文森認為，最重要的非理性方法可以稱作「勸導」法。

當然，「勸導」一詞是在多少擴展了的意義上使用的。

「勸導法依賴於純粹的、直接的情緒效果，即依賴於情感的意義，修辭的語調，恰當的隱喻，洪亮的聲音，刺激的作用，或者懇求的聲調，戲劇性的姿勢，小心謹慎地與聽眾或觀眾建立的和諧關係，等等。」⑬

---

⑬　C. L. Stevenson: *Ethics and Language*, Yale University Press, 1944,

　　他認為，說服是改變態度的最有效的勸導方法。倫理學的本質方面是分析和改變態度，而說服則是這一內涵的最重要特徵。他甚至認為：「任何倫理判斷本身就是一種說服手段」，不同的是，在利用各種不同的說服方式時，「進一步的說服可以加強最初的判斷」。說服即是一種態度規勸，倫理學所涉及的主要是人們的態度分歧和情緒差異。所以，態度的改變主要「不是通過改變信念的調節步驟來尋求的，而是通過明顯的或是巧妙的、拙劣的或精到的規勸來尋求的。」換言之，理性的方法並不能最終具體地改變人們的態度，儘管信念的改變是改變態度的重要條件，但理性畢竟只能改變人們的信念，而不能直接地改變人們的態度。

　　當然，由於倫理判斷本身就包含祈使成分或情緒成分，例如：「這是善的」，按照史蒂文森的解釋，即為「我贊成它，你也贊成吧！」因此，它本身就包含一種勸導，甚至可以說直接就是一種勸導手段。但是，在運用「勸導」方法時，起先的道德判斷之效果總由進一步的勸導來加強。也就是說，在這個方法中，聽者態度的調整或改變，不是通過改變其信念的間接手段實現的，而是通過種種或明或暗、或粗或精的規勸方式實現的。

　　在這裡，史蒂文森把關於語詞、符號、隱喻等倫理學分析理論、特別是關於道德語言的情緒意義的分析、以及道德語言之影響人們態度的功能的理論進一步具體化了。在他給我們提供的「勸導方法」、「說服的方法」的具體規定中，我們可以清楚地看到這一點。

　　史蒂文森認為，勸導法主要是通過倫理語詞的情緒作用來實現的。他通過一些實例，說明了這種方法的基本特點。例如（例子的編號接4.3.1的順序）：

pp. 139–140.

(xiv)A：你不服從他，在道德上是錯誤的。

B：我完全否認這一點。

A：但服從就是你的義務。為了履行道德責任，你應該服從他。

在這一實例中，出現了「道德錯誤」、「義務」、「應該」、「道德責任」等多個倫理學術語。儘管「義務」、「應該」、「道德責任」等並沒有提供比「道德錯誤」更多的信息，但是通過適當的強調，它們可能對改變B的態度產生一種強烈的累積效果。

(xv)A：不與我們協商，他就無權行動。

B：可是，他畢竟是主席啊！

A：他是主席，但不是獨裁者。他違反了民主程序。

在這裡，「獨裁者」、「民主」並不僅僅具有描述的功能，而且還具有情緒意義。在談話的具體語境中，其情緒意義不可能不對 B 的態度產生某種影響。

(xvi)A：言論自由是我們不可剝奪的權利。

B：但只是在確定的界限內才是如此。

A：不存在這樣的界限。難道真理的僕人應該被囚禁在流行觀念的灰牆之內嗎？

B 肯定不會從字面上去理解「僕人」和「囚禁在灰牆之內」的意思，勸導的效果在這裡是通過隱喻實現的。隱喻通常可以作一種或多種解釋，如本例中比較合理的解釋是：「如果我們沒有言論自由，流行觀念將使發現真理更為困難。」但隱喻的解釋常常過於含糊，因此無法承認其為理由。不過，隱喻的情緒意義的影響、以及隱喻的描述意義對情緒意義的影響的加強，卻能使 B 轉而熱烈地贊成言論自由。

(xvii)A：（做了很多先行勸導之後說）欺騙永遠是一種壞的策略。

B：但它有時不是也可以成功嗎?

A：（用感人的語調說）永遠不會。在達到它的邪惡目的之前，它總是會被識破的。

在這個例子中，A 的結論顯然不容易得到證實，它可能只是一廂情願的想法。但在那些先行勸導所形成的道德氛圍之中，A 的感人聲調可能誘使 B 不加仔細分析就接受了他的結論。嚴格地說，一種方法只有以完全不用清晰信念為中介的方式來論證判斷時，才是勸導性的。由於這一實例中，對判斷的論證是以清晰的信念為中介的，只不過這種信念受到了勸導式的支持或論證罷了，因此，這個例子只是表面上屬於勸導方法。

4.3.3 自我勸導的方法

由於倫理分歧不僅存在於不同的人之間，而且同一個人也常常面臨著某種道德衝突、倫理選擇，因此，倫理學方法不僅包括如何說服別人的方法，也包括人們自己如何形成對倫理爭論的看法的方法，包括面臨道德衝突、倫理選擇時自我說服、自我勸導的方法。史蒂文森明確指出：「方法論研究不僅必須考察人們是如何說服別人的，而且必須考察人們是如何形成自己對倫理爭論的看法的。」 ⓮

儘管勸導是一種引人注目的社會現象，儘管這種自我勸導在我們的個人思考中幾乎無處不在，但過去在理論研究與現實生活中，我們卻常常忽略或輕視了這一方法。

⓮ C. L. Stevenson: *Ethics and Language*, Yale University Press, 1944, p. 147.

在人們的倫理生活中，由倫理反思引起的不同態度、要求之間的衝突普遍存在，而且常常十分激烈。例如，對一個好吃懶做的人，當他生活困難的時候，我們是應該一直施惠於他，總是幫助他，還是應該狠狠心，讓他吃點苦頭促其自立自強？當外寇入侵、國家民族處於危急關頭；而家中老父母又需要侍候、照料的時候，是應該盡忠國家民族、先赴國難，還是應該在家盡孝老父母？等等。

這種衝突常常令人十分焦慮、讓人處於一種半麻痺精神狀態。但不論這種衝突多麼激烈，我們都會希望解決它們之間的對立。這迫使我們常常必須迅速地作出決定。如果運用純理性的方法，慢慢等待證據積累，經過縝密的循序漸進的思考過程，從而煞費苦心地進行決定，這常常是不允許、也不能讓人滿意的。而且，退一步說，即使允許經過長時間的思考以後，再從容作出決定，但實際上這也並不一定能解決衝突。因為，在現實生活中，衝突雙方常常都有許多理由可說，雙方常常都可以找到對自身有利的大量證據。理由和證據的積累，只會使衝突在更複雜的水平上保持一個原有的僵局。特別是，由於受到彼此衝突的衝動的制約，我們相應的行動將猶豫不決，缺乏活力和深度，而實踐中常常並不允許我們猶豫、等待，因此，我們也會產生某種「被迫」「立即」作出決定，以結束衝突的動機。

而「自我規勸是一種可以結束使某些衝動由於羞愧而沉默、另一些衝動由於獲得支持而更加活躍的自言自語的勸導方式。」⓯史蒂文森指出，猶豫不決、持續困惑的精神狀態不會帶給我們任何我們所欲望的東西，而一個具體的決定卻可以為我們開關出更有吸引力

⓯　C. L. Stevenson: *Ethics and Language*, Yale University Press, 1944, p. 148.

的前景；即使我們以後對這一決定感到後悔，它至少在我們據之行動時，可以使我們取得一些有益的經驗。因此，我們常常「被迫」匆匆忙忙作出決定，用活躍的「自我規勸」來補充或代替理性方法。

自我勸導有時是在人們的某種虛構的辯論方式中進行的。人們常常設想，自己正在與上級、老朋友或者受尊敬的教師進行辯論。在這種辯論過程中，他們妙語橫生，口若懸河，把對方辯得心悅誠服。——顯然，這種想像的辯論並非總是他們預期以後將發生的辯論的預演，因為即使那些尊敬的對手已經去世，或者早已忘記他們是誰，他們仍可以作如是想像。他們那些情深意切、感人肺腑的「即席演講」，與其是為了說服對方，倒不如說是為了說服他們自己。「他們把自己的對手變成了一幕劇中的虛構人物，虛構這個人物的目的主要是要借用對手受尊敬的名字。有效地影響了他的那些警句和雄辯，事實上是為了說服他們自己的。」**⑯**

有時，實際辯論常常同樣清楚地說明了自我勸導的性質和作用。「人們在規勸他人時，並非總是在期望說服對方，他急不可待地要說服別人，恰好表明他自己內心正在發生著衝突，他的傾聽者的作用，也許僅僅在於提醒他注意自己的那些他正努力加強或抑制的傾向。他是一個正在努力說服自己的演說家。」**⑰**

自我勸導的過程常常是一個追求自己的道德決定「合理化」的過程。眾所周知，當人們的決定沒有徹底解決自身的衝突，仍然保留著一些相互矛盾的衝動，從而使他猶豫不決或為之羞愧時，他常

---

⑯ C. L. Stevenson: *Ethics and Language*, Yale University Press, 1944, p. 149.

⑰ C. L. Stevenson: *Ethics and Language*, Yale University Press, 1944, p. 149.

常會歪曲那些指導著自己行為的考慮。他會把自私的考慮偽裝成利他的；或者把他的選擇所造成的不容置疑的可厭後果，說成僅僅是可能的後果；他還將歪曲他所拒絕的那種選擇；等等。他將這種所謂合理化的做法向他人宣講，以逃避社會的指責，求得社會的認同。但這一過程的社會化方面還不是其主要功能。儘管有些彼此衝突的態度可能是社會壓力的產物，但他最主要的目的在於竭力論證自己所作出的決定是合理的、值得讚嘆的。

當然，這種追求自己的道德決定「合理化」的過程，常常可能不過是自我欺騙、自欺欺人。但是，反過來，自我欺騙、自欺欺人的「合理化」並不是自我勸導。因為欺騙包含著虛假的信念，而勸導並不建立在虛假的信念基礎之上。

史蒂文森指出，自我勸導在個人道德決定中發揮著重要作用。但人們很少僅僅使用自我勸導，而是習慣於把自我勸導和其他勸導方法結合起來使用。

4.4　理性方法與非理性方法的關係

綜合以上內容，我們可以看到，倫理學雖然不是一門嚴格意義上的科學，但科學、理性的方法卻在消除倫理分歧中起著積極作用。演繹邏輯、經驗證實、歸納推理等方法，都能在一定範圍內作為倫理學的具體方法，解決實際的道德問題。當然，這些方法並非倫理學的特有方法，它們在科學和其他領域也在普遍地使用著；而且，由於這些方法的主要功能在於改變或者加強人們的信念，而倫理分歧的本質特徵在於態度，因而它們不可能像在科學中消除信念分歧那樣最終有效地解決問題。

也正因為此，倫理學還必須有自己的獨特方法，即以解決態度分歧為主要目的的心理的方法。史蒂文森認為，這主要包括勸導和自我勸導的方法。這裡應該指出的是，史蒂文森對倫理學之獨特方法的研究，特別是對勸說、感染在解決問題中的作用的強調，在後設倫理學中是獨樹一幟的。它開始了從「直覺方法」、「自然方法」、「先驗方法」向「心理方法」的回復與轉變，標誌著後設倫理學理論同傳統理論在方法論上融合的開端。

根據倫理分歧既包括信念上的分歧，又包括態度上的分歧兩個方面，史蒂文森一方面強調說服、勸導方法的直接現實性意義，另一方面又承認說服的方法與理性的方法的相互依賴、相互補充。他以為，在實際道德生活的情形中，說服的方法對一些人有穩定的效果，但對另一些人卻只有短暫的效果，而且，理性方法也有其局限性。

> 只有當態度上的分歧植根於信念上的分歧，而且當信念上的分歧本身實際上是可調和的時候，才可能通過理性方法來調和態度上的分歧。相應地，只有當人們決定使用的勸導足夠感動人時，才能依靠勸導方法來解決方法價值上的分歧。❸

事實上，值得注意的是，勸導方法常常是與理性方法結合起來使用的，將理性方法和非理性（說服）的方法結合起來，總比單純使用理性的方法或非理性的方法更有實際效果。正如我們的語言中很少有僅僅具有情緒意義、或者僅僅具有描述意義的語詞一樣，單

---

❸　C. L. Stevenson: *Ethics and Language*, Yale University Press, 1944, p. 159.

純使用勸導方法、或單純使用理性方法的論辯也少而又少。史蒂文森明確指出，在倫理道德問題的爭論過程中，「純粹的說服方法是很少見的」，人們很少僅僅使用純勸導方法來與人論辯；同樣，「正如很少有完全是說服的論證一樣，也很少有完全是理性的論證。」 ❿ 也正因為如此，道德說服與科學認識、理性的方法與非理性的方法、道德學家與科學家總是不可孤立、不可或缺、相互關聯的。

理性方法對於人們是極為熟悉的，在我們這個科學、邏輯、理性占主導地位的世界上，人們也大都習慣於運用理性方法去解決問題，包括倫理道德問題。而對於一些非理性方法，例如勸導方法，由於它們與理性、科學方法的明顯區別，人們則總是抱有某種偏見與戒心。實際上，勸導方法等是人們經常、大量應用的一種方法，它無處不在，沒有什麼值得大驚小怪的。幾乎所有的政治家、改革家、宗教領袖、新聞工作者、教育工作者、小說家、詩人、等等，都常常應用這種方法。而且，只要加以正確的、「正當的」運用，勸導方法應該是能為人們所接受的；只有那些「過度的勸導」才是人們值得注意與警惕的。也許人們所面臨的主要問題，不是避免所有的勸導，而在於判定哪些勸導應該避免，哪些應該接受。在《倫理學與語言》中，針對一些人誤解、責難勸導方法，史蒂文森以充滿激情的語調加以了有力的駁斥。

史蒂文森發現，現在有許多人突然對情緒語言敏感起來，而且看到了這種語言多麼廣泛地進入了似乎是事實問題的討論。同樣，這些人對「宣傳」也變得敏感起來，因為宣傳所產生的感情效果常常表明，它正成功地以這樣或那樣的方式在引導人民，而且這些引

---

❿　C. L. Stevenson: *Ethics and Language*, Yale University Press, 1944, pp. 142–143.

導的方向常常與人們的自身利益相矛盾。

> 於是，他們中的有些人就嘲諷地得出結論，認為所有情緒語言、所有勸導、規勸、狂熱的激情等等都是可疑的，應該讓位於冷靜的推崇事實的科學語言。也就是說，由於受一個特殊的詞彙「宣傳」所影響——「宣傳」常常是一個被人們用來詆毀這種或那種勸導的詞——他們變得對所有的情緒詞彙都害怕起來。他們認為所有的勸導都是某種宣傳，不管它的動機目的如何，都是極壞極可恥的東西。[20]

史蒂义森認為，這樣的論點是十分輕率而站不住腳的。說勸導方法通常被用於完全壞的目的，通常被用於理性方法完全可以滿足其迫切需要的情況中，這是一回事。也確實存在這樣的情況。將勸導方法與理性方法荒唐地混淆起來，也是不能容忍的。但是完全否定勸導方法就是另一回事了。稍有反思精神的人是不會這樣譴責勸導的。實際上，我們沒有可能去決定究竟是完全接受勸導，還是完全反對它，因為勸導有時是好的，有時是壞的，這完全取決於當時的條件。困難總是在於判定哪一個勸導該反對，哪一個勸導該接受。

> 除了想像一個沒有勸導的社會之外，任何對於勸導的完全否定都顯然是荒謬的。如果我們禁止任何熱情的表達方式，迴避所有強烈的情緒詞彙，用單調的口氣去緩和其詞彙的情緒效果，處心積慮地避開任何感人的用詞風格，而只是致力於

---

[20]　C. L. Stevenson: *Ethics and Language*, Yale University Press, 1944, pp. 162–163.

傳達那些聽者的先驗傾向使其感興趣想聽的東西——如果我們這樣做，我們的情感生活就會被剝奪得非常貧乏，以致於生活會變得難以忍受。當我們的態度不能同其他人的同意或反對的態度一樣，在社會生活中清楚明白地盡快表達出來時，我們就會陷入一種冷漠無情的狀態之中。但是，當不偏不倚的推理使我們的態度共同發揮作用時，這一推理就會宣告結束。不偏不倚的推理可以對我們的生活發生重大影響，但這需要推理所允許的感情達到一定的強度。沒有完整的生氣勃勃的態度，任何事都做不成。這些態度具有一種直接表達的熱情的感染力。勸導無疑是「宣傳家」和街頭演說家的工具，但它也是世界知名的利他主義改革家的工具。我們不應該為了使江湖郎中從世界上消失，而去消滅所有的醫生。❷

當然，應該接受誰的勸導，誰應當通過勸導去引導別人，這是一個與「權威」、「領導」、「輿論」、「教科書」以及人們自己的判斷相聯繫的實際問題，也是一個十分嚴肅、十分困難的問題。史蒂文森從其後設倫理學立場出發，認為這一具體的規範倫理學的現實問題，已經不是這裡要討論的問題了，否則就「離題太遠」了。

總之，無論是理性方法，還是非理性方法，在倫理學中都有它們的地位與作用。重要的是如何把它們用到該用的地方，適當地把它們結合起來，以恰當地解決倫理分歧，求得倫理一致。

---

❷ C. L. Stevenson: *Ethics and Language*, Yale University Press, 1944, p. 163.

4.5　倫理學的有效性

史蒂文森指出：通常，「方法論研究的宗旨不是對經常使用的方法的描述，而是判斷這些方法中哪些有效，哪些無效。」❷但在進行倫理爭論、解決倫理分歧的過程中，有效性是一個被忽視了的、沒有得到認真、深入討論的問題，也是一個有許多誤解、謬誤需要澄清的問題。

一般來說，選擇某種方法的最突出的理由，是它的有效性，如果某些方法被認為與有效性沒有關係，人們就會認為沒有理由運用這種方法。在日常生活中，人們常常使用無效的方法，儘管也能贏得爭論，也能使意見被人接受，但有效性問題仍然是我們需要注意的、特別是方法論研究中必須解決的問題。

當然，在有效性的現有意義上，在某些倫理學爭論過程中，對於道德爭論的某些方面，如關於如何確立信念的爭論方面，「有效性」是可以如同人們習慣地那樣使用的，倫理學也是和有效性明顯相關的。當直接使用了邏輯學或者科學方法時，完全可以使用日常的有效性標準來對之加以判定：如果一個倫理學爭論運用了形式邏輯，就如同4.2.1例(i)一樣，那麼，就可以在邏輯學的有效或無效意義上，說它是有效的或無效的。如果這個爭論使用了經驗的理由，那麼在其所用的經驗、歸納方法是否有效的意義上，也可以說它是有效的，或者無效的。這裡，不合邏輯的沒有變成合邏輯的，謊言也沒有變成真理，只是它們現在卻出現在一個較寬的倫理語境中而

---

❷　C. L. Stevenson: *Ethics and Language*, Yale University Press, 1944, p. 113.

已。但是，對於那些超出這一範圍，如用信念來改變態度的做法，有效性的問題與之是不相干的。

在倫理學中，史蒂文森認為，既可以使用勸導之類非理性方法，也可以使用一些理性的、邏輯的方法。然而，諸如勸導性方法等非理性方法是與有效性無關的。史蒂文森指出，

> 有效性與勸導性無關。「有效的」或「無效的」勸導的說法，沒有任何認識上的意義。如果人們因為受勸導的刺激而犯了邏輯錯誤，那麼，這是邏輯上的無效而不是勸導上的無效。人們當然也可以說某種勸導是「無效」的，但這是在否定它，即指出它是可以反駁的，或不起作用的。在這種意義上，一個軍樂隊的情緒影響有時也可以被說成是「無效」的。顯然，這種形象化的說法對我們來說沒有任何意義。㉓

史蒂文森指出，倫理討論的特殊性之一在於，可以以事實理由推導出道德結論。在這一推導過程中，既不能用舉例的方式來證明勸導，因為勸導不能依靠明確的信念來傳達；同時，這樣的推導大多也不遵守任何嚴格的歸納和演繹邏輯程序，從而也就與歸納和演繹邏輯程序的有效性無關。也就是說，在這裡，傳統的「有效性」是不適用的。那麼，在一個有效的倫理爭論中，我們應該怎樣理解其「有效性」呢？如果"R"和"E"分別代表著一組理由和一個倫理結論，它們之間的關係既非演繹的又非歸納的，那麼，從R到E的推論是否有效之類的問題還有意義嗎？

㉓　C. L. Stevenson: *Ethics and Language*, Yale University Press, 1944, pp. 152–153.

　　史蒂文森認為,這種推論顯然既沒有傳統邏輯論證的有效性,也沒有歸納的有效性。依照這類有效性標準來考查,上述推論總是無效的。但是,這一點卻無關緊要。因為,我們已經明確說明,從R到E之間的倫理推論,與任何邏輯或科學推論都不相同,它並不要求遵守通常的邏輯或科學規則,也不具有與後者同樣的有效性。在這種情況下,堅持說它沒有遵守上述規則、依然期望它具有與後者同樣的有效性,並沒有什麼意義。

　　史蒂文森明確指出,如果一定要討論倫理爭論的有效性的話,那麼,唯一令人感興趣的是另一種類型的有效性。實際上,「有效性」是一個十分模糊、混亂的術語,它具有多種可能的含義,也必須在幾種不同的含義上定義它。一般情況下,「有效性」與「真實性」是密切相關的,「有效的」方法比任何「無效的」方法,都更有助於確立真理或可能成為真理的東西。但在從R到E的倫理推論中,「有效」一詞就不可能與「真實」建立通常的那種聯繫,它肯定具有另一種意義。這並不是由於所謂「道德判斷既不真也不假」,因為雖然道德判斷的情緒意義是沒有真假意義的,但它的描述意義通常是有真假的。而是由於對於倫理爭論方法來說,其理由R既不能證實倫理判斷E描述意義的真實性,也不能使人懷疑這種真實性。例如,假定A宣稱X是善的,B宣稱它是惡的。再假定A通過指出X的結果來證實自己的判斷。這時,A並不對B的道德判斷的真實性產生懷疑,因為B只是說他不贊成X。他們之間的對立是態度上的,而不是信念上的。也就是說,A既沒有對B的初始判斷的真實性提出疑問,也沒有對A的初始判斷的真實性提出證明。A試圖做的事,不是懷疑B關於自身態度所說的話的真實性,而是通過指出X的後果,去改變B的態度。

　　與倫理學方法有關的另一種類型的有效性，是一種廣義的有效性。倫理學方法屬於廣義的邏輯方法和科學方法的研究領域，倫理推論的規則，如從R到E的規則，也不同於演繹論證和歸納推理的通常規則，因而，適用於它們的有效性也必然是一種新的有效性。但是，遺憾的是，這種新的有效性如何確定與表述，史蒂文森並沒有說明。他只是指出，對有效性作以上理解和說明的話，有效性問題就不會引起什麼麻煩和混亂。

4.6　道德家與宣傳家

　　在討論勸導性定義、勸導方法等非理性方法、以及理性方法和非理性方法的關係時，史蒂文森還簡要討論了一個其分析理論的應用特例，即關於道德家與宣傳家及其關係問題。—— 這種應用層次的分析，在史蒂文森的著作中是不多見的。

　　道德家和宣傳家具有密切的關係。無論是所謂道德家，還是所謂宣傳家，都是一些致力於影響人們的態度的人。他們既可以使用理性方法，通過理由來論證道德判斷的方式獲得成功；也可以利用勸導、規勸的方式來達到自己的目的。

　　無論是道德家，還是宣傳家，雖然他們都致力於影響人們的態度，但他們影響人們態度的方式和動機常常是大相逕庭的：

　　　　有的人主要是依靠勸導的方法發揮影響，另一些人則主要是
　　　　使用理性的方法來施加影響。而在那些使用理性方法的人們
　　　　之中，有些人在自己的理由中包含著深思熟慮的謊言，而另
　　　　一些人則沒有；有些人只使用經過認真挑選的那部分真理，

即那些最容易按所期望的方向來影響聽眾的真理，另一些人則力圖「從兩方面看問題」。還有，有些人出於自私的動機施加影響，另一些人則出於利他的動機施加影響；有些人隱瞞他們的動機，另一些人公開他們的動機；有些人是某種複雜組織的代言人，另一些人不是；有些人僅僅影響某種特定的態度，例如那些與過失感和內疚感相聯繫的態度，而另一些人則不同，影響的是人們所有的態度；有些人可能直接地、熱切地關心統治形式的改變，或者戰爭結果的改變，而另一些人的政治熱情則不太明顯，等等。**㉔**

　　通常，在人們的心目中，上述的某些含義，特別是貶義，常常與宣傳相聯繫，人們常常習慣於用「宣傳」一詞，指稱他們所斥責的對象，因而，宣傳家這個名稱被認為帶有某種污跡，而道德家則具有相對比較尊重的口吻；人們總是會讚揚或至少容忍進行道德規勸的那些道德家，而讚責那些從事別有用心的宣傳的所謂宣傳家；儘管人們實際上很難分清哪一種影響是道德規勸，哪一種影響是別有用心的宣傳。但這種理解，是在對道德家與宣傳家加以勸導性定義的意義上發揮出來的。

　　史蒂文森指出，人們也可以在一種科學的、中性的意義上來理解道德家與宣傳家。在科學的、中性的意義上，或者在使這兩個術語的情緒效果中性化**㉕**時，甚至可以說，「所有的道德家都是宣傳

㉔　C. L. Stevenson: *Ethics and Language*, Yale University Press, 1944, pp. 246–247.

㉕　史蒂文森認為，情緒意義可以通過如下的途徑中性法，即或者用整個語境的調子來彌補它的偏激；或者用一個比較特殊的貶義詞來平衡某

家，或所有的宣傳家都是道德家。」 在這種情況下，道德家和宣傳家都既沒有被斥責，也沒有被讚賞。

不過，更多的情況下，無論是「宣傳」還是「道德規勸」都是勸導性的。即使是某些以「中立」、「科學」自居，從而貶抑宣傳的人，實質上也不過是在進行某種「勸導」。史蒂文森尖銳地指出：

> 那些揭露宣傳的人，或告誡人們去防範它的人，或指出它的破壞性危險的人，決不是在盡力使這個術語的情緒意義中性化。即使他們在應用科學時是細緻的，他們也不是純粹的科學家。他們是在努力建立某種反面影響，從而損害「宣傳家」的影響。因此，他們定義「宣傳家」的方式，必然是把某種貶斥含義限定在作為他們對手的宣傳身上。㉖

一個人是被人們劃入宣傳家的範圍，還是被認同為一位道德家，這與人們的立場、觀點等是密切相關的。儘管事實是同樣的，雙方對之的描述判斷也可能都是真實的，但他們通過仔細地選擇定義，選擇表達方式，從而結果很可能不一樣。一個投身於激烈道德改革的人，可以被他的反對者稱為「反對公認秩序的宣傳家」， 同時又可以被他的同情者稱為「新道德運動的領袖」。 史蒂文森還特別提醒人們，那些用「宣傳」這個術語詆毀其對手的人，並不總是

個特殊的褒義詞；或者提出明確的勸誡，以抵制其情緒效果。參見 C. L. Stevenson: *Ethics and Language*, Yale University Press, 1944, p. 245.

㉖ C. L. Stevenson: *Ethics and Language*, Yale University Press, 1944, p. 248.

反過來被詆毀的。詆毀他們的只是那些同情所謂「宣傳」的人。

綜而觀之，從倫理學角度來說，任何使用某種道德判斷的人，都將以一個道德家的身份說話；任何斥責某種道德判斷「不道德」、「不合倫理」的人，也都是一個道德家。但是，人們可以用「好」或「壞」這些語詞，例如「好」道德家或「壞」道德家這類說法，來表達人們對他們及其行為的看法；分析型的理論家們也可以運用這種方式，將其理論分析與其道德影響區分開來。

4.7　目的與手段

對於解決倫理分歧，達到倫理一致來說，還有一個重要的方法論問題，那就是目的和手段的關係問題。這是一個傳統的「老」問題，也是各種規範倫理學常常討論的問題。但史蒂文森的討論，是一種後設倫理學意義上的分析，是一種對現實生活中的目的和手段沒有直接針對性、或直接指導意義的分析。史蒂文森認為，也許那些傳統的倫理學家會感到這種分析是陌生的，是微不足道的，但只有通過分析目的和手段的關係這類「微不足道」的方式，才可能更清楚地表明倫理學方法論的特點。

傳統的倫理學家們認為，最終目的（「內在善」、「內在價值」）是可以獨立於手段（「外在善」、「外在價值」）之外的，在討論最終目的（「內在善」、「內在價值」）的時候，總是可以把對手段（「外在善」、「外在價值」）的考察排除在外的。甚至還有些人認為，哲學家們應把自己的判斷限制在目的領域，而科學家們則致力於發現達到目的的手段。他們常常都明確地或隱含地設定了一個獨立的大前提，一個無須證明的「目的」或「內在價值」； 然後，其他的事情

依據邏輯和科學也就能做了。史蒂文森則對上述觀點明確提出了質疑，他認為，目的和手段是相互聯繫、無法分離，並且相互轉化的；倫理學家不僅要討論關於目的的判斷，同時也要討論關於手段的問題。

史蒂文森指出，上述倫理學家的觀點是以以下錯誤假定為根據的，是非常有害的。這些倫理學家假定，對於內在價值的一致贊同，

⑴是任何其他道德一致的前提，而且

⑵它自身不以任何其他道德一致為前提。

那麼，根據假定⑴，關於目的的一致對於任何雙方所要達到的一致來說，就是必不可少的，並且可以使道德家僅僅面對他們自己的特殊問題。而根據假定⑵，關於目的或內在價值的一致，不以任何其他道德一致為前提，即它既不須考慮實現它的手段，也不須考慮它的可能後果。

但在史蒂文森看來，這兩個假定都是站不住腳的。

對於假定⑴，對於內在價值的一致贊同是任何其他道德一致的前提，這明顯是不符合實際的。在前面第三章可以看到，我們在討論倫理一致的類型的時候，史蒂文森所列出的倫理一致的類型⑶——如A認為X具有內在價值，B認為X具有外在價值，但他們在X具有價值這一點上是一致的；類型⑷——如A和B儘管目的不同，但都認為X具有手段價值；就都是在對目的的看法不一致時達到倫理一致的。因此，史蒂文森指出：

> A的目的可以是B的手段，或者A和B都承認存在著達到不同目的的共同手段。雖然任何人在沒有贊成作為目的的某個其他東西之前，都不會贊成作為手段的任何東西，但人們仍然

能夠在關於目的尚未達到一致意見的情況下，一致同意贊成某個東西。**㉗**

　　而且，每一個人都有各種各樣的目的，這些目的又是和手段密切相聯的，很少有僅僅是目的的目的。在這種目的和手段的複雜關係中，達到倫理道德方面一致的情況也是十分複雜的，完全可能存在目的分歧而手段一致的情形。

　　對於假定(2)，史蒂文森認為，它僅僅指出了一種邏輯可能性。人們可以想像這樣一個世界，在這個世界中，根本無須考慮手段就可以達到目的的一致。可現實情況卻常常並非如此。目的是和實現它的手段相聯繫的，總是和各種各樣的社會條件、環境相聯繫的；而且，目的或「內在善」本身，對於人們似乎也不是固定不變的。史蒂文森提醒人們注意：

　　　　內在態度不是每一個人的本性中不可改變的內容，不是由人們的遺傳因子所預定的。（附帶說一下，如果它們是這樣，那麼，道德家的任何改變它們的努力都是要落空的，他那僅限於判斷內在價值的使命立即就要受到懷疑。）我們不否認人們可以因其遺傳而形成某種態度，但必須承認它們的實際發展依賴於許多環境因素——社會的、地理的因素，等等。**㉘**

㉗　C. L. Stevenson: *Ethics and Language*, Yale University Press, 1944, p. 183.

㉘　C. L. Stevenson: *Ethics and Language*, Yale University Press, 1944, pp. 192–193.

在一定條件下，一種目的的實現，就在於引起一個複雜的因果過程，而對這個過程本身可以作各種理論評價和倫理評價。例如，在最終目的方面的一致並不需要以選擇手段方面的一致作為結果，因為關於手段的適宜與否，在理論上是有意見分歧的；另一方面，可能兩個人對一個事物的態度是一致的，然而其中一個人只把該事物用作達到另外目的的手段，另一個人卻把它當作目的本身。此外，我們還經常看到，實現目的的結果證明具有否定的意義，因此就背離了原來想要實現的目的。或者，同一事物，最初被認為是手段，而後來則成了目的本身。這裡，史蒂文森特別提到了「習慣」的作用：

> 在決定內在態度的各種因素中，我們必須承認習慣的作用，即完全「習慣於」某事。贊成的習慣一旦形成，就會固定下來，而且比造成這種習慣的環境更持久。所以，當人們不論出於什麼原因而習慣於追求某種東西時，他就會越來越傾向於把這些東西本身當作目的。外在的贊成逐漸地被內在的贊成所強化，並成為人性中普遍適應性的一部分。簡言之，最初被作為手段而喜歡的東西，會逐漸成為被作為目的而喜歡的東西。㉙

這類開始時只是作為手段而喜歡的東西，後來逐漸被作為目的而被喜歡的現象，在現實生活中是比較常見的。史蒂文森舉例說，父母親在鼓勵他們的孩子要誠實和體諒人時，常常對孩子們說，這

㉙　C. L. Stevenson: *Ethics and Language*, Yale University Press, 1944, p. 193.

些品質能夠導致社會的讚賞和今後生活的成功。開始時，他們是把這些品質作為達到利己主義目的的手段加以推薦的，但隨著孩子們習慣的養成，最終將會使這些品質本身成為有價值的東西，並在人們明明知道連間接報酬也沒有的情況下，仍然至少在某種程度上受到珍視。再如，一個開始僅僅把教學當作研究工作附屬品的教授，可能逐漸因為教學本身的原因而喜愛它；一個開始時僅僅因為職業的要求而為人辯護的律師，後來可能發現追求辯護的技巧自身成為了目的，等等。

另外，當人們要直接地改變目的或內在態度時，常常使用勸導的方法。這其中既包括公開的勸導，也包括隱蔽的勸導，既包括清楚的勸導，也包括含混的勸導。不過，勸導也是要使用與事實相關的理由的，如果一種勸導完全不使用理由，就不可能有效地產生穩定的效果。這種理由與道德判斷具有心理聯繫，它們構成了倫理學方法論的特殊內容。

因此，在人們對目的和手段的考察中，認為總是能夠把倫理學成分（對目的的考察）和科學成分（對手段的考察）截然分開，認為總是能夠把倫理學家的工作和科學家的工作截然分開，這是錯誤的。嚴肅的倫理學討論始終都應該把信念和態度的關係視為最重要的中心問題，始終都應該以有關的專門科學知識為前提條件。「強調目的而忽略手段，也就是強調結論而忽視理由，其結果必然是或者助長無知，或者默認勞而無功。」[30]

實際上，任何規範倫理學理論，例如功利主義、幸福主義、快樂主義等等，也都是隱含著關注手段的傾向的。如果人們毫不理會

---

[30]　C. L. Stevenson: *Ethics and Language*, Yale University Press, 1944, p. 204.

實現「功利」、「快樂」等的手段，那麼人們各行其事，難免互相衝突，也恐怕是實現不了自己的目的的。而且，在現實中，為了實現那個目的，每一個人都會有很多個目標，這些目標常常就構成了達到目的的手段。

也正是基於這種考慮，史蒂文森反對上述那種非常流行的觀點和做法，他認為是一般性的術語「善」（它可能既指目的方面，也可能指手段方面），而不是「目的」、「內在善」或「內在價值」，對於自己分析意義問題和方法問題才是最根本的。當然，如此分析將是十分複雜的，史蒂文森也承認，自己的論述只是涉及到了一些元層次的思考，而沒有涉及到其基礎性的具體內容。那些與具體的現實生活有關的目的，以及實現這些目的的具體手段，是規範倫理學所要討論的問題。

4.8 倫理決定、選擇、判斷與可避免性

倫理決定、選擇與意志自由的關係問題，一直是情緒主義倫理學家所談論的一個熱門話題。從羅素、石里克到艾耶爾等情緒主義倫理學家，都一致反對以非決定論作為道德主體的自由選擇和決定的先決條件，而堅持以經驗主義因果性原理作為倫理學的方法論原則。史蒂文森基本上保持了這一原則傳統，並作了新的修正和解釋。如果說，提出倫理學語言、語詞的分析型式，是史蒂文森從後設倫理學本身的理論邏輯要求出發所建立的道德——邏輯方法的話，那麼，對倫理決定、選擇與「可避免性」(avoidability) 等範疇及其關係的論證，則是他從哲學——倫理學的一般理論角度作出的方法論解釋。

　　道德判斷主要是關於將來的行為的。當人們作出倫理判斷或決定時，總是以祈使方式告訴別人：「你應該這樣做」或者「你不應該這樣做」。這實際上是告訴人們有關行為是「不可避免的」或「可避免的」，當然，對自己的倫理選擇和決定同樣也是如此。

　　根據史蒂文森的意見，所謂「可避免性」，可以以如下方式定義它：

　　　「『A的行為是可避免的』這句話的含義是：如果A先作了某種選擇的話，那麼，他的行為就不會發生了。」**㉛**

　　也就是說，　個人的行為是可避免的，即人們的行為還有其他的選擇，如果人們在決策時作出了其他的選擇時，就可避免實際發生的行為。當一個人的行為是可避免的時，這個人就像霍布斯 (T. Hobbes, 1588~1679) 所主張的那樣，是「自由」的人，是不受阻礙地做他想做的事情的人。而如果結果證明一個行為是不可避免的，那麼，人們常常就會放棄關於這一行為的任何倫理判斷，這並不是因為不可避免性和倫理判斷在邏輯上不相容，而是因為這樣的倫理判斷是無結果的。因為倫理判斷主要與將來的行為相聯繫，它要以此影響人們將來的態度，並藉以影響人們將來的選擇和行為；如果行為是不可避免的，這種倫理判斷就不可能達到自己的目的，從而就是多餘的了。

㉛　C. L. Stevenson: *Ethics and Language*, Yale University Press, 1944, p. 298. 當涉及到將來時，「A將作出的行為是可避免的」就可定義為：「如果A作出某種選擇，他的行為將不會發生。」 對於過去來說，條件從句總是與事實相反；而對於將來而言，則可以相反也可以不相反。

道德判斷總是被用於調整被判斷的行為，但並不是所有行為
都可以用這種方式來調整。道德判斷常常使得人們為慈善事
業捐款，但從來不能使他們的境界稍微提高一點。如果我們
告訴一個人，他應該更慷慨地去資助慈善事業，那麼，我們
的判斷也許能夠實現自己的目的，使他將來較慷慨地資助。
但如果我們告訴他應該去提高他的境界，那我們的判斷就不
能達到自己的目的。……只有可避免的行為才能被道德判斷
所調整，因此只有它們才可能被判斷。❷

　　例如，一個軍官在戰鬥中失利了，他的上級正在決定是否處罰
他。現在假定，如果上級認為，只要該軍官當時作出不同的選擇，
情況就會完全不同，失敗就是可避免的；那麼，上級的如此判斷就
會令軍官羞愧，並在今後出現的任何大致相同的情況下修正自己的
選擇，避免出現同樣的失敗。相反，如果當時無論軍官作出什麼選
擇，失敗仍然會發生，那麼，這就是一種不可避免性；這時候，無
論作出什麼判斷，都不會有什麼效果。

　　史蒂文森認為，當倫理判斷被應用到實際生活中時，我們就不
能不涉及到倫理學與選擇的決定論或非決定論問題。

　　有一些倫理學家認為，非決定論是全部倫理學的基本前提。他
們論證說，如果一個人的選擇是被決定了的，那麼就沒有必要對之
進行倫理判斷，對這種行為的判斷，就像因為天下雨而對天上是否
正在下雨進行判斷一樣無聊。因此，人們不僅應該把自己的判斷限
於可避免的行為，而且還應該限於產生於非決定性選擇的行為。

---

❷　C. L. Stevenson: *Ethics and Language*, Yale University Press, 1944,
　　p. 303.

　　史蒂文森駁斥了這種觀點。他指出，所謂「倫理決定」都是「個人性的」(personal)，一個人的倫理決定無外乎他的「偏愛的證明」。它涉及個人的許多方面（如心理的、情緒的、情感的、態度的等），所以，「需要許多研究領域的知識來研究它」。但是，雖然倫理決定是個人性的問題，但「任何個人早晚都會使他的個人問題成為人際間的問題：他會與別人討論，或者是希望按照別人所說的來修正他的判斷，或者是希望引導別人去修正他們的判斷。」❸對於倫理判斷所涉及到的「人際間的」(inter-personal) 問題，史蒂文森沒有作更多的論述，而是著重分析了倫理判斷所包含的個人方面的問題。他以為，個人的倫理判斷不可能是非決定性的，因為它必須有所根據和理由，正如個人的選擇不是非決定性的一樣。如果某人的選擇不是被決定的，那麼，它就會成為某種不可逆料、無法預測的東西，也就因此不會有某種人格依據，而毋寧是出自一種「無」的東西。同樣，人們的倫理判斷也必須有其人格依據和理性邏輯。

　　史蒂文森指出：

　　　沒有任何理由假定，一個深思熟慮的人僅僅由於相信人的行為產生於被決定的選擇，就會因此不去判斷這個行為。在對這種行為的判斷和對天下雨的判斷之間，存在著這樣的差別：對下雨的判斷並不會使下雨的情況改變，而對人類行為的判斷──只要該行為是可避免的──卻有助於使這種行為在將來較為頻繁地出現，或不太頻繁地出現。在後一種情況下，判斷本身就是一個新的決定因素──一個被增加到人們選擇的原有決定因素之上的新因素，而且這種判斷可以作為一個

---

❸　C. L. Stevenson: *Fact and Values*, Yale University Press, 1963, p. 55.

控制或指導人們選擇的手段。因此，如果一個「深思熟慮」
的人，僅僅由於相信選擇是受原因制約的，就馬上喪失了判
斷這一選擇的興趣，這是很荒謬的。❽

　　在史蒂文森看來，「A的行為是可避免的」與「A的行為產生於
非決定性的選擇」是不同義的。可避免性只是說，如果作出了一種
本來沒有作出的選擇，它就不會發生。條件從句與事實相反，但卻
不能因此否認實際的選擇是被從前的事件所決定的。當我們說「如
果水溫降至攝氏零度，水就會結成冰」時，我們並沒有否定水之實
際結冰是受決定的。正如同這一關於水的陳述中，與事實相反的條
件並不意謂著物理學中的非決定論一樣，「可避免性」定義中所包
含的選擇陳述的相應內容，也不意味著心理學上的非決定論。

　　在另一方面，史蒂文森又不滿意於以「決定論」——承認人的
全部行為完全是受因果性決定的——去解決倫理選擇和判斷，作為
倫理學的基本前提。在他看來，與其說倫理判斷和選擇是以決定論
為前提的，倒不如說是與行為的「可避免性」相關聯的。他甚至試
圖指出，「決定論」和「非決定論」之間的爭論，從倫理學方面看
是無關緊要的，只有行為的「不可避免性」和「可避免性」的區別
才是在倫理學上真正重要的。所以，他說：「很清楚，倫理判斷並
不以決定論為先決條件，而這只是依據於選擇的結果，而不依賴於
行為原因的缺乏。」❾可避免性是人們對行為結果的判斷所獲得的倫
理選擇依據。也就是說，人們作出自己的選擇和決定，抑或是作出

---

❽　C. L. Stevenson: *Ethics and Language*, Yale University Press, 1944,
　　pp. 313–314.

❾　C. L. Stevenson: *Fact and Values*, Yale University Press, 1963, p. 146.

倫理價值評價，基本的依據是從結果看某行為或事物的可避免性或不可避免性。

依史蒂文森所見，由於倫理判斷具有情緒意義，使它具有一種「準命令的力量」，因而具有影響人們態度、進而影響人們的行為的功能。這種力量往往是通過說服、規勸的方式表現出來的，正因為如此，倫理判斷也就成為人們改變和調節行為方式的重要手段。倫理判斷並不能完全左右人們的行為，但能通過當事人的選擇中介步驟來施加影響，使他認識到自己行為的正當與否，並告誡他避免錯誤的行為，在未來中調節行為的方式。

總的來說，史蒂文森通過對非決定論的否定，堅持了經驗論的基本立場，同時又沒有停留在現有的理論水平上，把倫理判斷、選擇與決定訴諸於簡單的因果關係的解釋，甚至不再認為否定非決定論非得以確認決定論為代價，而是以「可避免性」這一新的概念，來替換「決定論」這一內涵抽象而又易於產生歧義的古老概念，這無疑是有其內在價值的。但是，顯然，「不可避免性」與「可避免性」的概念並不十分科學。我們承認，道德判斷確乎意味著「應該」與「不應該」這一專門化的倫理語言程式，但「應該」與「不可避免」、「不應該」與「可避免」之間，畢竟難以形成嚴格對立的邏輯關係，更不能完全解釋道德行為（選擇、決定等）的實際意義。因此，史蒂文森的解釋也就不能從根本上使倫理判斷、選擇、決定等重大理論問題獲得科學的解釋，更不可能用來指人們實際的倫理判斷，選擇和決定。

第五章 史蒂文森倫理學的總體評價

　　史蒂文森是美國最重要的後設倫理學家、情緒主義倫理學家。正是由於他的工作，使一種曾經倍受誤解、批評與責難的理論——情緒主義倫理學，獲得了重要的發展和穩固的學術地位。但儘管如此，史蒂文森在完成對現代情緒主義倫理學的理論總結的同時，仍然沒有能夠真正克服其理論缺陷。這裡我們就來作一些剖析與批判。

5.1 史蒂文森倫理學的歷史淵源

　　「幾乎 19 世紀的每一種重要的哲學運動都是以攻擊那位思想龐雜而聲名赫赫的19世紀的德國教授的觀點開始的。」❶黑格爾(G. W. F. Hegel, 1770~1831) 哲學那龐大的思想體系、無所不包的「總結性」內容、空泛思辨的論述風格，引起了越來越多的人的不滿與反感。在這場反黑格爾哲學的運動中，由摩爾、邏輯實證主義者(他們中大都是情緒主義倫理學家) 所發起的分析哲學運動，最為顯赫、

---

❶　M. 懷特編著：《分析的時代——二十世紀的哲學家》，商務印書館1987年版，第 7 頁。M. White: *The Age of Analysis −20th Century Philosophers*, New American Library, 1955, p. 1.「德國教授」指黑格爾。

激進與有力。史蒂文森的情緒主義倫理學無疑也是屬於這場運動的一部分。

當然，就史蒂文森之思想傳承而論，作為情緒主義學派最傑出的代表，最重要、最不能忽視的當然是討論史蒂文森的思想與情緒主義先行者們——這其中包括我們前面提到過的奧格登和理查茲、維特根斯坦，以及羅素、卡爾納普、艾耶爾等人——的關係。但由於在這之前我們已經作過大量說明，稍後還要進一步加以討論，因此這裡就不贅述了。

首先我們還是從深深影響了情緒主義運動，同時也極大地影響了史蒂文森的思想先驅——休謨談起。

5.1.1　休謨對史蒂文森的影響

史蒂文森曾直言不諱地承認，「除了對於道德語言的強調以外，我的研究與休謨並沒有什麼不同。」 ❷他指出，他自己所關心的問題，休謨大都清楚地提出過；休謨的結論，也都是最接近於他的觀點的。「休謨最清楚地提出過使我們關心的問題，得出了最接近於我們可接受程度的結論。」❸具體地說，這可以從如下論述中表現出來：

休謨是英國著名的經驗主義哲學家，其經驗主義立場雖然並未為史蒂文森所接受，但史蒂文森非常注意考察人們的行為與活動，努力地不使自己的十分抽象的後設倫理學分析，成為某種「閉門造

---

❷　C. L. Stevenson: *Ethics and Language*, Yale University Press, 1944, Preface.

❸　C. L. Stevenson: *Ethics and Language*, Yale University Press, 1944, p. 273.

車」式的勞作。在《倫理學與語言》之序言中，他特別表明，休謨的如下研究方式：藉審慎觀察人生現象、就著人類日常生活中的交往、事物和娛樂，去搜集這門科學中的種種實驗材料的研究方式，雖然也許不是唯一可能的研究方式，但這種研究方式「確實能夠為倫理學確立一個毋庸置疑的重要地位」。他希望自己的後設倫理學研究與分析，能夠為規範倫理學、為現實的倫理生活與活動，提供有效的工具與方法。

休謨又是情緒主義倫理學的直接思想先驅。休謨認為，善惡並不是可以理證的，道德並不是理性的對象。他從徹底經驗論的立場出發，認為道德之善和惡就是主體內心由於其大性結構而產生的「知覺」，即人們在觀察一定行為或認識與思考一定對象時，在心中所產生的感覺與情緒。人的行為的善惡等只受愉快或不愉快的情緒或情感的支配或指導，理性作為「情緒的奴隸」，在道德行為中，只是為情緒服務的。

對於休謨關於道德情緒的論述，情緒主義倫理學家史蒂文森是深表贊同的，這一點我們曾經多次指出過了。但是，也應該注意到的是，史蒂文森與休謨的道德情緒論之間存在著明顯的區別。後者基本上屬於規範倫理學，專志於現世的德行和人們的道德實踐，熱中於提出或闡述道德箴言。它與其他規範倫理學的不同之處，僅僅在於突出強調了情緒在道德意識和行為中的作用。而前者則是後設倫理學，它不作也反對作具體的道德判斷，著重於對道德語言的邏輯與語言分析。它研究情緒不是為了制訂和勸導人們遵循道德規範，而僅僅是分析道德概念、命題的結果。

在《道德原則探究》中，休謨曾這樣概括他對於倫理學意義和方法的觀點：

我們所接受的假設是明白的。它堅持情緒決定道德，並把德
行定義為：所有能夠使旁觀者產生令人愉快的滿意感情的精
神行為或品質。而惡則相反。我們繼而檢查一個明白的事實
問題：什麼樣的行為具有這種影響呢？我們考慮一下與此相
反的所有環境，努力抽象出關於這些情感的一般觀察。如果
你把這叫做形而上學，發現這裡的一切東西都是深奧難解的，
那麼，你只能作出一個結論，即你的心性不適宜於道德科
學。❹

休謨還指出：

道德一詞所指的是某種全人類共有的情緒，這種情緒能夠使
同一對象獲得普遍的滿意感覺，並使每一個人或大多數人對
它形成一致的意見或決定。❺

史蒂文森認為，休謨的觀點可以概括如下：

"X" 是一種德行，其意思是說，X 是一種只要有了關於它的
全面而清楚的真實知識，任何人都會感到滿意的對象。❻

---

❹ 轉引自：C. L. Stevenson: *Ethics and Language*, Yale University Press, 1944, p. 273.

❺ 轉引自：C. L. Stevenson: *Ethics and Language*, Yale University Press, 1944, p. 274.

❻ C. L. Stevenson: *Ethics and Language*, Yale University Press, 1944, p. 274.

　　史蒂文森指出，這裡休謨倫理學的根本假設：見多識廣的人對同一對象會具有滿意的感覺，與其在《倫理學與語言》中分析、批判過的一個基本假設：一切態度分歧都根源於信念分歧，是十分相似的。但是，經驗主義者休謨完全接受的這一假設，史蒂文森則認為它是可疑的：是否存在每一個人或大多數人都感到同樣滿意的東西？如果不存在，那麼就不會有什麼道德的或邪惡的東西了。而且，什麼東西才是使大多數人感覺滿意的對象？這純粹是一個事實問題。休謨在這裡，顯然仍然把道德問題當作科學問題、把倫理爭論當作知識（信念）分歧來處理了。——想想《人性論》的標題：「人性論——在精神科學中採用實驗推理方法的一個嘗試」，我們就不難明白這一點。

　　史蒂文森認為，認為人們的道德爭論、態度分歧，會因為人們具有真實信念的情況下消失，這顯然是十分荒謬的。同時，「由於忽視態度分歧，他把出現在尚未得到真實信息的人們之間的爭論過份簡單化和理性化了，而沒有為勸導方法留下位置。」❼

　　當然，休謨也以其懷疑論者的目光，敏銳地「發現」了科學或理性方法在倫理學中的局限性。這一發現甚至深深地影響了後來所有的情緒主義者，當然包括史蒂文森。或者說，史蒂文森後來對信念與態度的區分，對科學方法之於倫理學的局限性的論述，不過是自休謨以來科學與道德、事實與價值二分對立思想的繼續。

　　在《人性論》中，休謨十分敏銳地指出，科學與道德的研究對象不同，前者的聯繫詞是「是」或「不是」等，而後者的聯繫詞是「應該」或「不應該」等。根據理性、科學只能回答「是什麼」的

---

❼　C. L. Stevenson: *Ethics and Language*, Yale University Press, 1944, p. 276.

問題，而不能告訴我們「應該怎樣」的問題。以往的道德學體系中，普遍存在著一種思維上的躍遷，即從「是」或「不是」為連繫詞的科學或事實命題，向以「應該」或「不應該」為連繫詞的倫理命題的躍遷，而且這種思想躍遷是不知不覺發生的，既缺乏相應的說明，也缺乏邏輯上的根據和論證。休謨這位懷疑論哲學家，正是通過這種根源性的追問，使得倫理學之為科學，需要一種新的解答、新的說明。史蒂文森也確實認為，從事實理由到道德判斷的這種推理，與科學推理是不同的，這一推理確實值得研究、說明。但他沒有如同極端情緒主義者一樣，對之給以一個完全否定的回答，在科學與道德之間劃一道鴻溝。甚至他還很重視如何去解決這一問題。在《倫理學與語言》中，史蒂文森提出，在從R（理由、事實判斷）到E（倫理結論、道德判斷）的推理中，既可以運用理性的方法，也可以運用非理性的方法（如勸導方法），來解決這一問題。

　　而對於休謨、特別是一些自然主義者解決這一問題的方法，——如休謨在其倫理學著作中，似乎想用自然科學的方法，即建立在心理學基礎上的觀察和實驗的方法，來溝通二者。——史蒂文森認為，他們無非是運用了一個他後來稱之為勸導性定義的判斷。史蒂文森指出：

　　　　那些把規範倫理學當成自然科學的人之所以似乎取得了成功，其原因僅僅在於他們一開始就提出了一個勸導性定義。這個一般的規則對於休謨就像對於其他作者一樣適用。❽

---

❽　C. L. Stevenson: *Ethics and Language*, Yale University Press, 1944, p. 276.

通過提出這樣一個道德思考的基本原則，一個道德推理或分析的大前提，人們就可以之為根據，進行道德推理，指導自己的道德行為。休謨所提出的這樣一個道德原則就是：「當且僅當絕大多數人對某物具有全面而又清楚的知識，但仍然感覺滿意時，此物是善的。」只不過休謨沒有意識到它是一個具有情緒意義的勸導性定義罷了。

休謨認為，以前關於倫理知識的推導與論證，其本身都是需要論證的，其合理性都是尚成疑問的。他深信，「這樣一點點的注意就會推翻一切通俗的道德學體系」。而史蒂文森則指出，其實不然，如果我們換一個角度，就會有不同的結果。關鍵在於這裡需要的是另一種「有效性」，如果按照與邏輯、科學的有效性不一樣的有效性觀念，即一種更廣義、更寬泛的「有效性」觀念去考察、處理這一推導，這一過程是可以得到理解與認可的。畢竟現實生活中人們無時無刻不在進行這種推導。

5.1.2　對摩爾思想的繼承和發展

如前所述，史蒂文森是在摩爾的影響下轉向後設倫理學研究的。1930年，來到劍橋大學深造的史蒂文森成為了正在此任教的摩爾的學生，也成為公認的摩爾思想的繼承、改造與發揚者。

在《倫理學原理》這部「標誌著20世紀倫理學革命的開端」的著作中，倫理學直覺主義者摩爾對從前的一切有影響的倫理學思想和流派——如自然主義倫理學，即某種用自然屬性去規定或說明道德的理論；形而上學倫理學，如斯賓諾莎、康德的倫理學以及神學倫理學等，其特點是用某種形而上的、超驗的判斷來作為倫理或價值判斷的基礎。——進行了駁難，開創了分析倫理學或者說後設倫

理學之先河。

　史蒂文森認為,摩爾倫理學的中心論點可以用一句話來表述: 「關於善的所有命題都是綜合的。」 也就是說, 當「善」以一種典型的倫理含義被使用的時候, 以「N 是善的」形式表達的倫理判斷都絕不會是分析的。任何「N 是善的」形式的判斷都在指稱一個唯一的性質, 即善性, 當我們稱某物為「善」時, 也就是把這種性質歸屬於它。而摩爾認為, 「善」之類基本概念是單純的、終極的、不可分析的, 它是不能定義的。因此, 摩爾認為, 當人們用自然主義術語來給「善」下定義時, 都將犯「自然主義謬誤」。—— 所謂「自然主義謬誤」, 就是在本質上混淆善與善的事物, 並以分析性的自然性事實或超自然的實在來規定、定義善的各種倫理觀點。

　摩爾這樣寫道:

　　如果有人問我,「什麼是善?」我回答說,「善就是善」, 這就是全部答案。或者如果有人問我,「如何定義善?」我的回答是: 善不能定義。這是我的全部回答……❾

自然主義倫理學把善混同於某種自然物或某些具有善性質的東西, 如功利主義倫理學以「最大多數人的最大幸福」等來規定善, 進化論倫理學用「自然進化」之類來定義善, 等等; 形而上學倫理學把善混同於某種超自然, 超驗的實在, 如康德把人的理性本質或「善良意志」作為善的同義語。自然主義倫理學從事實中求「應該」,

---

　❾　摩爾:《倫理學原理》, 商務印書館1983年版, 第12頁。譯文略有改動。
　　G. E. Moore: *Principlia Ethica*, Cambridge University Press, 1903, p. 6.

使「實然」與「應然」混為一體；形而上學倫理學又從「應然」、「應該」中求實在，把「應該」當作了超自然的實體。兩者雖然形式各異，但都犯了「自然主義謬誤」， 都是不適當的。對於自然主義倫理學，摩爾重申了休謨的觀點：倫理學是關於評價、鑒別行為好壞的理論，科學事實能夠告訴我們實際上人們是如何採取行動的，但卻不能真正解決「什麼是善」和「我應該做什麼」之類問題。對於形而上學倫理學，摩爾指出，它錯誤地認定善存在於某個超自然的世界中，並把「什麼應該存在」與「我應該做什麼」混為一團。在摩爾看來，真正有意義的問題是，無論是存在的東西（自然的或超自然的），還是任何存在物的特性，人們總可以提問：「但是它是善的嗎？」「但是它是正確的嗎？」等等。例如，有人說「幸福是善」，你總可以問「善是幸福嗎？」有人說，善就是「被欲望的」，你總可以問：「它是被欲望的，但它是善嗎？」如果可以對無論什麼存在物及其特性提出這個開放問題，那麼自然主義就必定是假的。也就是說，對於一個真正的定義，定義項與被定義項具有相同的意義，關於它的問題就是一個封閉問題；而當某兩個詞沒有被定義如此地聯結在一起（如幸福與善）時，那麼關於它的問題（如「善是幸福嗎？」） 就總是保留著開放性。因此摩爾指出，正是在這一意義上，無論你說什麼東西是善，善的定義永遠是一個開放問題。摩爾的上述方法也被稱為「摩爾的開放問題論證」。

摩爾的「善不可定義」、「自然主義謬誤」， 以及「摩爾的開放問題論證」等思想，特別是他的分析方法——對「善」這一概念的精深分析，使他的倫理學成為20世紀西方倫理學革命的開端，並影響了西方倫理學的發展方向。自摩爾始，傳統的自然主義倫理學與形而上學倫理學日趨式微，西方倫理學逐漸轉向對道德語言進行邏

輯的或語言學的分析，也即出現了後設倫理學占主導地位的傾向。
正如同史蒂文森所承認的，凡是強調倫理學情緒意義的人，當然包
括史蒂文森自己，「都曾經受過摩爾的極大影響。」❿

　　史蒂文森接受並堅持了摩爾開創的、並由後來一些哲學家發展
了的後設倫理學傳統，在研究旨趣上，他並不特別關注具體的道德
規範、道德選擇，並不注意尋找評價人們的行為是否正當的標準。
他對摩爾譴責某些規範倫理學把其奉行的倫理規範、準則強加於人
或用來欺騙人，是十分贊同的，在他的著作中，他也一再譴責了那
些別有用心的宣傳。受摩爾注重對分析「善」這一倫理學基本概念
的影響，徹底沿著摩爾的「分析」思路深入下去，史蒂文森也特別
注重對「善」這一概念的分析，他把倫理學的中心問題轉變為：「什
麼是善的？」之類道德判斷的意義如何？試圖借助於倫理分析，特
別是道德語言分析手段，弄清「善」、「正當」、「應該」之類道德概
念、「什麼是善的？」之類道德判斷的「真實」涵義，從而為解決具
體的規範倫理學問題提供必要的工具和方法。這從以前述關於道德
語言的分析，特別是這種分析在其著作中的份量中突出體現出來。

　　不過，總的來看，摩爾之於史蒂文森的影響，是一種研究旨趣
上的，一種思維指向、思維方法上的，而關於摩爾倫理學的許多具
體觀點和結論，史蒂文森並不認同，有時他們之間的分歧或對立還
是十分明顯的，這可以從許多方面表現出來。

　　例如，史蒂文森並不認為，「N是善的」必然是綜合命題，「善」
之類倫理術語不可定義：

---

❿　C. L. Stevenson: *Ethics and Language*, Yale University Press, 1944,
　　p. 272.

前面提到過的各種含義都有一種描述的意義，這種意義是完全可以用自然主義術語來定義的。如果一個陳述命題是分析的還是綜合的，完全依賴於其描述意義，那麼，它們的每一種含義都可以是相應的分析判斷。在這一點上，本書與摩爾的觀點完全對立。**⓫**

在給一個倫理術語下定義時，被定義項並不僅僅是在重複定義項，它還要給定義項加上一種情緒意義。由於以往的倫理學常常當作某種「科學」來處理，用純科學分析的方法來定義倫理術語，因而情緒意義往往被忽視了。在這一點上，史蒂文森是認同摩爾的觀點的。但摩爾卻把這種情緒意義說成了某種不可定義的性質，如果對之加以定義的話，就必然會犯「自然主義謬誤」， 這卻是史蒂文森不能同意的。史蒂文森指出，這種定義在人們的倫理爭論中是常見的、自然的，凡是摩爾認為犯了「自然主義謬誤」的地方，他都認為那不過是一個常見的勸導性定義。

再如，摩爾認為，「善」之類基本概念是單純的、終極的、不可分析的，它是不能定義的，但是，它卻可以通過自明的「直覺」加以把握。以邏輯實證主義為理論基礎的情緒主義，對於這種尚不可捉摸的「直覺」方法，對於摩爾所謂不能加以定義的「善」， 當然是不滿意的。他們認為，摩爾等直覺主義者把事情搞神秘了，並且也不能解釋道德語言的基本特徵──道德語言與行為是密切聯繫的，它對人們的行為具有某種動力特徵。從以後的論述中我們將會看到，史蒂文森還是試圖運用理性的或者非理性的、邏輯的或者心

⓫ C. L. Stevenson: *Ethics and Language*, Yale University Press, 1944, p. 272.

理的方法，去把握表達「情緒」或者「態度」的「善」之類道德語言，並對之給以某種定義的。

最後，正如我們稍後將指出的，甚至在如何運用後設倫理學分析方法，如何對待規範倫理學和後設倫理學的關係上，史蒂文森也做得遠比摩爾徹底，或者說比摩爾走得更遠。甚至可以這樣說，與史蒂文森等人相比較，摩爾還算不上是嚴格意義上的後設倫理學家。

5.1.3 與美國本土哲學的結合

作為情緒主義倫理學家，史蒂文森的思想誠然是與歐洲情緒主義者、後設倫理學家們密切相關的；但作為情緒主義主要代表人物中唯一土生土長的美國倫理學家，他的思想又受到了美國本土哲學的強烈影響，這主要是指杜威和培里思想的影響。

史蒂文森的時代，正是美國實用主義處於顛峰時期之時，因此，史蒂文森的倫理學思想也受到了實用主義，特別是著名實用主義者杜威的影響。史蒂文森本人也曾多次表示，他的理論得益於杜威甚多。在《倫理學與語言》的扉頁上，他特別安排了一段引自杜威著作的引文，以此來表達他和杜威思想的傳承關係，也表達對杜威這一思想先驅的感謝。

當然，在西方，也有人根本否認他們之間的關係，其根據就在於杜威曾寫過幾篇反駁史蒂文森觀點的文章。不過，還有一些人認為，兩者有著密不可分的關係，史蒂文森開創了實用主義倫理學發展的新階段，如著名倫理史家A.C. 麥金太爾(A.C. MacIntyre, 1929～)甚至認為，杜威對後來的道德哲學家的影響，主要就是通過史蒂文森實現的。很顯然，上述兩種觀點都有其片面性。

作為20世紀上半葉自然主義的代表人物之一，杜威把自然科學

方法引進了道德評價領域。他認為，應當把倫理學說、價值判斷建立在經驗的基礎上。他把他為自然科學總結的「實驗探索方法」運用到倫理領域，這包括如下幾個步驟：首先是根據道德問題情境提出要加以解決的道德問題；其次是針對問題提出一個假設性的價值判斷，即關於要達到什麼目的的判斷；再次是聯繫道德問題情境對假設性的價值判斷進行觀念的、符號的分析，並以之指導具體行為，改造所面臨的道德困境；如果行為結果與預期目的相符，那麼價值判斷便被接受，否則便被拒絕。這樣，杜威就通過所謂「實驗法」，把事實和價值聯結起來了。

從史蒂文森倫理學的具體內容來看，他接受了實用主義者特別是杜威的　些基本觀點，從而在關於道德的性質、解決倫理分歧的方法等問題上，與西歐、尤其是英國的分析傳統有著明顯的區別。

例如，在道德的性質問題上，杜威雖然認為道德是一門科學，這門科學並沒有自己的特殊領域，而僅僅是與人有關的物理的、生物的、歷史的知識──即典型的自然主義，這一點是情緒主義者史蒂文森所不能贊同的。但杜威又認為這種知識與其他知識具有不同之處，這裡的道德語言的主要功能和目的是啟發、指導人的活動，道德判斷是專門為了調整、改變人的態度的。這一理論觀點就為史蒂文森所接受了，並成為史蒂文森理論的主要特色。如果說這裡有差別，那麼，「主要的差別大都是程度上的，即在多大程度上承認倫理學語言的模糊性和情緒性，以及在多大程度上承認經驗方法在倫理學中具有終極意義。」[12]

從史蒂文森的理論原則來看，他並不太關心具體的道德問題、

---

[12]　C. L. Stevenson: *Ethics and Language*, Yale University Press, 1944, p. 263.

道德規範，並不研究具體的道德行為之正當性，從而具有後設倫理學家的優點或缺點。他批評杜威忽視道德判斷的情緒意義，雖然強調倫理分歧，但至多只是強調關於態度的信念分歧，而沒有看到，只有態度上的分歧才是道德爭論的本質特徵。他還批評杜威企圖用科學知識取代倫理學，用事實消融價值，天真地以為僅靠經驗方法就能解決倫理爭執。這使他不僅與實用主義倫理學相對立，而且也向美國道德研究的傳統方式提出了挑戰，並為此而被耶魯大學解職。

美國現代另一位重要哲學家培里，也以其獨特的思想對史蒂文森產生了重要影響。

後設倫理學、情緒主義倫理學的發源地無疑是歐洲，史蒂文森也是在英國求學期間才接觸這種學說，並為之吸引，而轉向這方面研究的。在美國，實用主義、經驗主義倫理學是占統治地位的學說，不少美國哲學家、倫理學家甚至對後設倫理學、情緒主義倫理學還抱有某種反感與不滿，這從史蒂文森之被耶魯大學解聘一事上，我們可以窺其一斑。而美國哲學家R. B. 培里(R. B. Perry, 1876~1957)及其在《一般價值理論》所創立的「興趣理論」，與情緒主義倫理學具有很多共同點，這在當時的美國並不多見，從而對史蒂文森及其思想產生了巨大影響。史蒂文森的情緒主義「態度理論」，可以說就是培里的「興趣理論」影響下的產物。對於這一點，從史蒂文森的論文和著作中體現得很清楚。例如，在闡述其情緒主義倫理學觀點時，史蒂文森常常借用培里的「興趣」一詞，他的「態度理論」之「態度」，也經常是在培里的「興趣」之意義上使用的。——對這一點，史蒂文森曾多次明確地提及。例如，在〈倫理分歧的性質〉這篇重要論文中，史蒂文森在說明「態度上的分歧」時，特別指出：「這裡『態度』一詞是在培里的『興趣』幾乎同樣的意義上使用

的。」❸

　　培里使用「興趣」這個語詞，表達喜歡或不喜歡、讚賞或憎恨等等態度。培里認為，興趣就是這樣一組詞，它標明如「喜歡」或「不喜歡」、「欲望」或「迴避」、「滿意」或「不滿意」、「愛」或「恨」這樣一些肯定態度或否定態度。如果大多數人對某物持肯定態度，那麼此物便是「善」的，由這種態度所生發出來的具體判斷就是肯定的倫理或價值判斷；如果大多數人對某物持否定態度，那麼此物就是「惡」的，由這種態度所生發出來的具體判斷就是否定的倫理或價值判斷。培里還十分重視關於「善」的定義的推論，他指出，「更好的」意味著「為更多人所喜歡的」，「更壞的」意味著「為更多人所不喜歡的」。他還提出了一些對價值進行比較的標準，如「強度」、「偏愛」、「包容性」等。史蒂文森還引證了下面的陳述：「在其他方面相同的情況下，L和M都厭惡的對象，比只有L或者M厭惡的對象更壞些。」這樣，培里就通過一系列心裡狀態或心理事實，說明了什麼是「善」、「惡」、「價值」，或過渡到了倫理或價值判斷。培里的「興趣理論」用「興趣」去說明「善」、「惡」、「價值」，表明他在一定程度上是一位情緒主義倫理學家，對史蒂文森、進而通過史蒂文森對歐洲情緒主義者產生了巨大影響。

　　史蒂文森認為，培里把「善」定義為「興趣」的對象，即「大多數人對它懷有讚賞的興趣」，這表明培里並沒有注意到倫理術語的情緒主義；甚至培里對於「自然主義謬誤」之類，也並不怎麼特別關心，因而他們並沒根本改變傳統自然主義的研究方式，表明他仍然是一個倫理學自然主義者。當然這也表明培里的情緒主義理論是

---

❸　C. L. Stevenson:"The Nature of Ethical Disagreement", *Facts and Values*, Yale University Press, 1963, p. 1.

不徹底的。史蒂文森就曾提出，培里的「興趣」仍然不過是某種「事實」或「信念」，仍舊犯了「自然主義謬誤」。

> 這裡不能否認而只能感激地承認培里對興趣所作的心理研究。但本書必須常常反對那種把道德判斷與關於興趣的心理陳述不加限制地予以等同的做法。……它忽視了理論家們已經發現是最令人頭痛的倫理意思。
>
> 培里忽視了態度上的一致的分歧，僅僅強調了關於態度的信念的一致和分歧，從而使得規範倫理學變成了自然科學的直接分枝，並因此使得倫理學方法論具有一種虛假的必然性。⓮

按照史蒂文森的理論，培里的諸如此類說法，都不過是勸導性定義的一個典型的例子。

總之，在美國，培里的思想是和史蒂文森最接近的。甚至到今天，史蒂文森的理論還被一些人稱之為「興趣理論」。

5.2 史蒂文森倫理學的顯著特徵

在西方倫理學史上，情緒主義倫理學無疑是極具特色的一種；而在情緒主義倫理學家中，史蒂文森的研究又是最有代表性、最有特色的。這裡且不談他的旁徵博引，論證精緻，充滿學究氣之類典型的、當然也許是表面化的特徵，而只就其研究方式、研究內容之

⓮ C. L. Stevenson: *Ethics and Language*, Yale University Press, 1944, p. 268.

最典型特徵加以簡略的分析與說明。

5.2.1　堅持後設倫理學的研究方式

20世紀初，摩爾以其「善不可定義」、「自然主義謬誤」，以及對「善」的語言與邏輯分析，批判了以往的種種規範倫理學思想，開創了分析倫理學或者說後設倫理學之先河。史蒂文森進入學術殿堂的時候，正是後設倫理學高奏凱歌，規範倫理學節節敗退之時。正是在摩爾以及維特根斯坦等人的影響下，他才對後設倫理學——具體地說，是對倫理語言分析——產生興趣，從而轉向後設倫理學研究、轉向情緒主義倫理學研究的。

史蒂文森認為，與規範倫理學關注現實道德生活相比較，後設倫理學是對道德的第二級的、間接的研究，它堅持對於任何道德規範體系、任何具體道德規範的「中立性」，並不直接給出什麼行為是正當的、什麼行為是不正當的等結論，而是通過對規範倫理學的概念、判斷、命題的意義和功能的分析，來澄清思想上的混亂。它所使用的主要方法是邏輯與語言學的分析方法。這種邏輯與語言分析的目的對於規範倫理學來說，永遠都是間接的。——「它只是為了使人們在解決其問題時具有清晰的頭腦，減少在調查研究中的習慣性浪費。」❺特別是為規範倫理學提供必要的分析工具。

他對摩爾譴責某些規範倫理學把其奉行的倫理判斷、準則強加於人，是十分贊同的。徹底沿著摩爾對於「善」等基本道德術語的「分析」思路深入下去，史蒂文森也一直致力於處理諸如「什麼是善與惡?」「應該做什麼?」「不應該做什麼?」之類問題——這些問題

---

❺　C. L. Stevenson: *Ethics and Language*, Yale University Press, 1944, p. 1.

都是人們日常生活中所熟悉的。但是，史蒂文森並不是如同傳統的倫理學家那樣關心這些問題，他從不關心那些傳統的倫理分歧與爭論，儘管這些分歧與爭論近年來一直是倫理學研究的中心。他僅僅在論述的過程中才涉及到描述倫理學，而且，為了致力於他自身的任務，他也並不著力於回答規範倫理學的問題。他也並不特別關注具體的道德規範、道德選擇，並不注意尋找評價人們的行為是否正當的標準，並不深入評判人們所委身的生活方式，從而把其對倫理學的研究，主要集中在關於倫理語言的意義和倫理學方法上，即「僅限於改善人們所使用的工具」。

史蒂文森在其著作中，對道德哲學分析家和道德行為者的任務進行了仔細區分。雖然他在最終意義上，並不贊同為分析而分析，認為分析的目的仍然是為了評價，為了具體的道德行為。但他始終堅持，只有對道德術語進行了透徹的分析之後，才能作出道德評價。也正因為如此，他總是把自己的研究領域限制在後設倫理學方面，拒絕討論規範倫理學問題，拒絕對一些現實問題發表意見。例如，關於科學與道德、信念與態度、事實判斷與道德判斷的關係，以及倫理語言的表達形式與價值事實之間的矛盾等，史蒂文森只能是從語言和邏輯的角度作出一般的理論解釋和分析，遠遠沒有上升到邏輯與歷史、現實統一的高度。當他的分析研究一旦完成，如關於理性方法和非理性方法、目的和手段、倫理判斷和可避免性等的關係闡述清楚後，他的研究總是戛然而止，再不深入下去，也不應用去解決具體道德問題。在《倫理學與語言》的最後一頁，他甚至公開宣稱，「最重要的道德問題在哪裡開始，我們的研究必須在那裡結束。」⑯ 也正是由於他的這種似乎遠離日常生活、遠離具體道德規範

---

⑯　C. L. Stevenson: *Ethics and Language*, Yale University Press, 1944,

的「元」層次的研究，使得他的著作讀來十分艱澀、十分難於理解。

　　與摩爾乃至同時代的倫理學家們相比，史蒂文森更是一位專業的、純粹的、「正牌」的分析倫理學家、後設倫理學家。在如何運用後設倫理學分析方法，如何對待規範倫理學和後設倫理學的關係上，史蒂文森做得遠比摩爾或同時代的其他倫理學家們徹底，或者說比摩爾或同時代的其他倫理學家們走得更遠。例如，摩爾儘管創立了倫理學分析方法，特別是注重對「善」這一關鍵性概念的分析，但正如瑪麗・沃諾克(Mary Warnock, 1924～)在《1900年以來的倫理學》中指出的：「摩爾的興趣並不在於道德的語言。」❼在後來的語言分析倫理學家看來，摩爾並沒有真正進行過什麼嚴格的倫理語言的分析。反而，摩爾對於流行於社會的道德習俗和輿論提出了批評，認為它們提倡了一些不可能實行的道德法規；他還研究了目的和手段之間的關係，主張手段的正當性必須以目的、結果的有益來檢驗；後來他花了大量的功夫來研究他的理想功利主義倫理學，試圖以其直覺主義方式，重建規範倫理學。這與史蒂文森專業化的後設倫理學旨趣，心無旁騖地注重道德語言分析、注重語言的使用的思想特色，形成了非常鮮明的對照。

　　史蒂文森認為，他的這種元層次的研究還只是開了一個頭。不過，無論如何，這種研究對於目前的倫理學研究決不是多餘的。

　　　因為倫理學比任何其他學科都更需要這樣的訓練程序，比任

---

p. 336.

❼　瑪麗・沃諾克：《1900年以來的倫理學》，商務印書館1987年版，第133頁。Mary Warnock: *Ethics Since 1900*, Oxford University Press, Third Edition, 1978, p. 133.

何其他學科都更需要這樣的精確分析。特別是，從古到今，
人們都在向倫理學理論提出終極原則的要求，並力圖在倫理
學中明確地確立這種原則。這不僅掩蓋了道德問題的全部複
雜性，而且用僵化的來世的原則取代了靈活的現實的原則。
筆者希望，既注意科學在倫理學中的作用，也注意道德問題
不同於科學問題的地方，這樣的研究有助於使虛幻的必然性
概念讓位於同它們試圖解決的問題相適應的概念。⑱

然而，史蒂文森的這種純粹的後設倫理學研究方式，或者說他
的這種以後設倫理學排斥規範倫理學的做法，誠如一些批評家們所
指出的，還是使他的理論帶有某種形式主義的色彩。他在形式上完
成了「分析倫理學」的建構，但僅僅是使這種方法在形式上更加精
緻、更加系統，並沒有涉入倫理學的實際內容。而無論如何，道德
是調節人與人之間的關係的，在現實生活中，任何人都是不可能「中
立」於道德的。正如後來的批評者W. K. 弗蘭克納(W. K. Frankena,
1908～)等人所指出的,儘管後設倫理學有助於概念清晰,明瞭事實,
更好地研究規範倫理學，但倫理學主要是提供道德規範、以幫助我
們解答什麼是正當的或應該做的理論,因此不涉及規範倫理學問題、
不探討具體道德行為的「倫理學家」， 總是一個毋庸置疑的缺陷。
事實也證明，正如沒有完全脫離內容的形式一樣，任何撇開歷史、
現實的邏輯分析，任何遠離道德現實的理論建構，都常常不可能獲
得真正的科學結論。

---

⑱　C. L. Stevenson: *Ethics and Language*, Yale University Press, 1944,
　　p. 336.

5.2.2　注重對道德語言的分析

　　作為一位後設倫理學家，史蒂文森特別重視對道德語言的意義與功能的分析，他認為，這種分析對其他倫理道德問題的解決具有重要作用。而且，人們一般也公認，史蒂文森是對情緒語詞給予了最充分、細緻分析的第一位現代哲學家。

　　史蒂文森的後設倫理學研究，是從討論倫理爭論、倫理分歧開始的。如前所述，他指出，倫理問題首先是以諸如「如此這般是善的嗎?」「這個比那個更好嗎?」之類提出的。史蒂文森承襲了艾耶爾等人的觀點：關於規範倫理學的偽概念、偽判斷是語言使用混亂的結果。他指出，上述問題之所以困難，部分原因是因為我們不是很清楚，到底我們在問什麼。就如同「大海撈針」的時候，我們甚至不知道「針」是什麼。而且，在日常生活中，在公共交談中，道德術語的多義性、歧義性、含混性也總是存在的、難以避免的。因此，首要的問題便應該是檢查問題本身。或者通過定義表達問題的術語，或者通過任何其他的方法，我們必須使問題清晰一些、明確一些。道德語言分析的目的和任務不是力圖消除它（實際上它「也不可能輕易地為分析所消除」），而是要「儘量使它的存在顯而易見，並通過仔細研究它的起源和功能，使之不再成為犯錯誤的根源」[19]。也正因為此，在他的著作與論文中，他一再重申，其倫理學的主要任務就在於分析諸如「善」、「正當」、「應該」等道德語言的意義，描述能夠證明或論證道德判斷的一般方法。

　　關於道德語言的分析，可以說是史蒂文森倫理學的主要內容、

---

[19]　C. L. Stevenson: *Ethics and Language*, Yale University Press, 1944, p. 41.

重要特色與最大貢獻之所在。實際上，關於這方面的分析，也幾乎涵蓋了史蒂文森倫理學的全部內容。W. D. 赫德遜 (W. D. Hudson)在《現代道德哲學》中認為，史蒂文森關於道德語言的分析具有如下三個特徵：⑴其中存在著真正的倫理分歧和一致；⑵道德術語具有一種「磁力」❷，或者說某種驅使人按其贊成的態度行動的動力特徵；⑶科學的或者說經驗的方法，對於倫理學來說是不夠的。史蒂文森倫理學就是在澄清倫理術語的意義時，充分認識上述三個方面特徵的一種全面的嘗試。❷應該說，W. D. 赫德遜對史蒂文森道德語言分析的廣義的理解，是比較恰當的。當然，狹義地看，也許這裡還需要明確指出，史蒂文森對於道德語言的分析的最有影響的觀點，在於他一方面繼承了休謨、艾耶爾等人的觀點，認為道德語言具有情緒意義，是對人們的道德情感的表達；另一方面又不同意武斷地認定倫理概念和命題沒有意義，是假概念、偽判斷的看法，而認為道德語言既具有情緒意義，又具有描述意義，只不過情緒意義是最重要的，情緒意義是倫理語言的特徵。

不過，將倫理學的主題限於倫理語言的分析，還是招致了大量的批評。瑪麗・沃諾克指出：「把倫理學作為倫理語言的分析對待，其後果之一是導致這個學科愈趨瑣碎。」❷倫理學家們都拒絕對任何

---

❷ 史蒂文森在「倫理術語的情緒意義」中是這樣解釋「磁力」一詞的：「一個人認識到 X 是『善』的，根據這一事實本身，獲得了一種按照其贊成的態度，而不是其他可能有的態度，更強烈地依其行動的趨勢。」見 *Facts and Values*, p. 13.

❷ W. D. Hudson: *Modern Moral Philosophy*, Doubleday & Company, Inc., Garden City, New York, pp. 114–115.

❷ 瑪麗・沃諾克：《一九〇〇年以來的倫理學》，商務印書館1987年版，第136頁。Mary Warnock: *Ethics Since 1900*, Oxford University Press,

道德意見表態，而專注於對道德語言的越來越細緻的分析，使倫理學成了一門越來越專業化、越來越脫離現實道德問題的「學問」。很多倫理學家批評道，倫理學的主要任務並不是分析道德語言的意義、用法和功能，而是要確立什麼是正當的行為，什麼是不正當的行為，尋求行為正當與否的理由。例如，S. E. 圖爾敏(S. E. Toulmin, 1922~)就認為，研究倫理學一開始就必須清楚，任何社會都必須有一些品行規範。道德哲學的基本任務應當是尋求充分的理由來支持道德判斷。

確實，倫理與價值問題是實踐性的，對倫理與價值語言、問題的分析並不能代替對問題的解決，單純的邏輯與語言分析，其作用是有限的。特別是，對於重大社會道德問題的解決，僅僅或主要憑藉邏輯與語言分析方法也常常是不夠的；分析哲學誠然有助於發現與明確哲學問題，但其功能卻主要在「看病」而不在「開藥方」。這種分析方法雖然不無必要，但在根本上究竟難以幫助人們解決現實的道德問題。對此史蒂文森本人也曾有過虔誠的表白，他說：「語言學分析可望使我們消除種種混亂，但卻不能希望它使我們消除那些在社會上被視為沒有責任感的人。」❷這種形式主義的弊端是整個現代西方後設倫理學的一種通病，史蒂文森自然也難以幸免。

總的看來，在後設倫理學層次上，史蒂文森等情緒主義者對倫理或價值語言的揭示與分析是深入而精闢的。雖然他們的觀點不無缺陷與過激之處，但它把邏輯與語言分析的方法引入倫理學與價值論研究，這對於澄清其中的混亂、誤解與矛盾，使之走向精確、明晰與科學，在方法論上是有革命性意義的。對促進倫理學與價值論

Third Edition, 1978, p. 133.

❷ C. L. Stevenson: *Facts and Values*, Yale University Press, 1963, p. 225.

從規範理論研究轉向元層次的理論研究，產生了重要影響與推動作用。在今天，無論是倫理學與價值論的元層次的理論研究，還是自20世紀70年代始重新抬頭的規範倫理學研究，特別是繼情緒主義倫理學之後而產生的語言分析倫理學，分析方法都是占主導地位的不可或缺的方法，這與史蒂文森等情緒主義者的貢獻是分不開的。

5.2.3 以折衷調和為基本特色

作為溫和情緒主義的代表，史蒂文森的理論是以折衷調和的方法為基本特色的。在史蒂文森的思想和著作中，到處可見這種折衷調和的表現。

首先，史蒂文森試圖調和後設倫理學和規範倫理學之間的對立關係。邏輯實證主義者拒斥規範倫理學的做法，規範倫理學對於後設倫理學的反抗與誤解，使它們之間處於一種互相對抗、互相攻擊的狀況。史蒂文森儘管是一位後設倫理學家，但他一方面堅持了自摩爾、維特根斯坦以來的後設倫理學立場，認為為規範倫理學提供「工具」的後設倫理學是更重要的，固執地堅持後設倫理學對規範倫理學的優越性；但另一方面，史蒂文森又不簡單地贊同帶有強烈情緒色彩、並極易遭到人們誤解的「拒斥規範倫理學」的提法，相反，他倒實實在在地認為，滲透於一切生活常識之中的規範倫理學問題構成了倫理學的最重要的組成部分。後設倫理學關於意義和方法的分析必須仔細考察人們的行為活動，必須以人們的日常行為為基礎，否則便無異於閉門造車。這樣，史蒂文森就在一定程度上調和了後設倫理學與規範倫理學的對立關係，而把它們看作是互相聯繫、相輔相成的，就如同科學哲學與各門具體科學的關係一樣。

其次，史蒂文森繼承了極端情緒主義者關於科學與道德、認知

與評價、事實與價值的區分，並用信念與態度來具體地表達它。但是，他又並不贊同極端情緒主義者的如下觀點：倫理或價值概念、判斷不表達任何事實內容，它們既不能通過經驗事實加以證實，也不能從經驗事實中推導出來，因而是不可證實的、無所謂真假的、沒有意義的偽概念、偽判斷；並不認同極端情緒主義者完全割裂科學與道德、認知與評價、信念與態度的二分對立傾向。他還是堅持，科學與道德、信念與態度是存在密切的相互聯繫的。例如，對於信念和態度來說，一方面，道德態度是以信念為基礎的，如果不想愚昧無知地評價一個對象，就必須通過這個對象活生生的實際前後關係去仔細地觀察它；人們對某一事物的信念變了，也可能會引起人們的態度的變化。另一方面，對對象的各種不同的評價，人們的各種具體的態度，對哪些信念能夠進入人們的視野，受到人們的關注，以及怎樣把握這些信念，都具有著一定的影響。

再次，史蒂文森既反對自然主義者認為倫理概念、判斷同樣是對某種「自然現象」的描述的觀點，也反對極端情緒主義關於倫理概念、判斷沒有描述意義，是假概念、偽判斷的觀點。史蒂文森認為，倫理或價值判斷表達說話人的態度，而且一般說來，說話者是帶著希望其他人持相似態度的意圖的；倫理或價值語言不僅具有情緒意義，同時也具有描述意義，當然，描述意義是次要的，情緒意義是倫理學語言的典型特徵。

第四、史蒂文森既反對如同斯賓諾莎等倫理學家一樣，用自然科學、邏輯學的方法來研究倫理學，也反對卡爾納普、艾耶爾等極端情緒主義者完全用非理性、非邏輯的方法來對待倫理學，視倫理概念為假概念、倫理判斷為偽判斷，倫理問題沒有什麼好爭論的做法，改變人們關於道德家必須是非理性的、獨斷性的傳統印象。他

認為，解決倫理爭論既可能要運用理性方法，也可能要運用非理性方法；既可以運用邏輯方法，也可以運用心理方法；科學方法或手段在倫理分歧的解決中，常常也是必不可少的。當然，其中非理性的、心理的方法是占主導地位的，理性的、邏輯的或科學的方法在解決倫理爭論時是有條件的。

應該說，在史蒂文森的著作中，這種在各種對立的理論、觀點之間，特別是在極端情緒主義的過激觀點與其批評意見之間，進行折衷調和的實例還有很多。但僅從以上分析，我們已經可以明確地發現這一特點。

5.3　史蒂文森倫理學的內在缺陷

史蒂文森等人的情緒主義倫理學提出以後，在學術界產生了極大反響，一方面，很多人對之給予了高度評價，並從而對倫理學研究產生了深遠的影響；另一方面，批評、駁斥、責難接踵而至。平心而論，在這些批評中，不乏認真、嚴肅的意見，但也有一些批評與責難是一知半解，是十分感情用事的，也是毫無根據的，如有人譴責這種學說否定倫理道德，無異於鼓勵幹壞事，等等。限於篇幅，這些批評意見我們不能一一例舉，加以分析，而只就一些較重要的展開討論。當然，那些在前面我們已經討論過的，這裡就從略了。

史蒂文森的理論是從一個假定開始的，那就是：科學以一致為標誌，而道德以分歧為顯著特徵。這一假定可以進一步劃分為如下兩種區別：一是事實與價值的區分，二是規範倫理學與後設倫理學的區分。這裡我們就從史蒂文森理論的假定開始，對之加以簡略的評價。

5.3.1　關於態度和信念的區分能夠成立嗎？

自休謨區分「是」與「應該」、科學與道德以來，早期情緒主義者（邏輯實證主義者）從其「可檢驗性原則」、「意義標準」出發，徹底地把科學與道德割裂開來了。他們認為，事實、信念並不承擔價值與態度，從事實或關於信念的知識，是不可能推導出價值或關於態度的結論來的；道德概念是「偽概念」，道德判斷是「妄判斷」，是沒有意義的，是應該加以拒斥的。

史蒂文森儘管不完全同意極端情緒主義的某些過激觀點，並對之進行了一些「修正」，如認為道德概念、判斷不僅僅具有情緒意義，也具有描述意義；表達道德的「態度」與表達科學的「信念」也是相互影響的等等，從而使情緒主義的觀點顯得「溫和」一些，也更加符合實際一些。在史蒂文森看來，規範倫理學依賴於科學知識，但它本身並不構成知識，因為科學的方法並不能保證在所謂規範科學中具有它們在自然科學中的那樣確定的作用。規範倫理學不是任何科學的一個分支，「它是從所有的科學中引出的，但是一個道德學家的特殊目的——即改變態度的目的——是一種認識活動，而不是知識，它不屬於科學的範圍。科學可以研究活動，可以間接地有助於接近活動，但它與這種活動並不同一。」❷❹但史蒂文森仍然繼承了情緒主義的基本立場，仍然否認了規範倫理學作為知識的可能，仍然把事實與價值、態度和信念的區分——信念並不邏輯地承擔態度，關於價值、態度的語言也並不報告事實、表達信念——作為其情緒主義倫理學的基本出發點和理論基石。

然而，態度和信念之間的這種區分能夠成立嗎？這裡我們來作

❷❹　C. L. Stevenson: *Facts and Values*, Yale University Press, 1963, p. 8.

一番剖析。

首先，我們從歷史上所謂的道德認知主義與非認知主義之爭來看。

歷史悠久的認知主義（自然主義、直覺主義等）認為，道德是一種客觀的存在，即某種實際存在的實體或屬性，它是可以經驗地或直覺地加以認知的，這種認知的結果即道德判斷也是可以經驗地或直覺地加以證實的，即是有真假的，有意義的。而主要興起於20世紀的非認知主義（情緒主義、規定主義等）則否認道德現象的客觀存在，否認道德判斷是對於客觀道德現象的認知，認為道德評價完全是主觀的，因人而異的，不同評價之間也沒有什麼好爭論的；道德語言、道德判斷不過是主體主觀的情感、情緒、態度、命令、要求等的表達，不具有認知性質，它們都既不能通過經驗的方法，也不能通過直覺的方法，甚至任何理性的方法去加以認知與證實，從而是無所謂真假，沒有意義的。總之，關於道德是不能為人所科學地加以認識的，所謂「道德知識」是不可能存在的。

顯然，情緒主義等非認知主義者注意到了道德評價的「主觀性」特徵，注意到了評價與認知、道德判斷與事實判斷的實質性區別；人們根本不可能像認識摩擦生熱一樣去客觀地「情緒中立」地評定道德，道德評價必然地與人的情緒、情感、態度相聯繫，或與人的行為規範、行為選擇相關聯，因此任何評價都是「主觀的」，即受評價主體的情感、情緒、態度等制約的，具有「情緒意義」、「態度意義」、「規定意義」等「非認知意義」。這應該是比較合乎實際的。

然而，道德作為客體、對象與主體目的、需要之間的關係，不僅具有主體性（包括主觀性），而且具有客觀性；人的認識也並不局限於狹隘的經驗觀察，而具有能動性、創造性、社會歷史性，從

而人的認識常常超越感官經驗的局限。可見，非認知主義的認知標準是狹隘而片面的。即便是在事實認知領域，經驗證實標準也被當代科學哲學的發展成果和科學實踐活動所駁斥，因而邏輯實證主義者被迫一再讓步與後退（由證實到證偽到確證到……）。因此，儘管道德判斷不能訴諸或還原為客觀的經驗事實，但並不能由此斷言道德現象是不可認識的。

認知主義認為實際存在著的道德現象是可以為人所認識的，但卻把對之的認識與事實認知同樣地看待。雖然他們也承認道德現象與主體的情緒、情感、態度及行為選擇等緊密相關，但卻把道德視為某種實際存在的實體或其屬性，認為對之加以認知時，必須保持「情緒中立」的立場，即必須排除主體的情緒、情感、態度、欲望、要求等因素的影響，以獲得客觀的道德判斷；他們認為道德判斷均是描述性的客觀知識，甚至那些以「應該」為聯結詞的規範性判斷，也是描述性的——它們描述的是人類社會中存在著的某些行為規範。由於道德判斷不過是對道德現象的客觀描述，那麼它當然是可以驗證的，是有真假意義的。由此，認知主義者常常把道德評價和事實認知等同起來、混淆起來。但認知主義的荒謬之處是顯然的，它根本不能解釋同一對象為什麼其道德價值、道德評價因人而異、依主體不同而不同這種普遍現象。而且，道德評價儘管可以視為一種描述，即對客觀道德現象的描述，但卻絕不僅僅只是描述，而是同時表達了主體的情緒、情感、態度、要求、規範與命令了的，因而它同時是一種評價或規範，具有非認知意義、非描述意義。

可見，無論是認知主義，還是非認知主義都是片面的。道德評價既具有認知意義，也具有非認知意義，是認知意義與非認知意義的統一。

其次，上述區分是與科學的「價值中立說」、「道德中立說」相聯繫的。這裡我們也來作一番剖析。

傳統的觀念認為，科學活動是價值中立、道德中立的，這種認識的結果也是與價值、道德無涉的。它指出，科學本質上是某種超越於道德的事業，即實事求是、理性的處理感性材料。在進行科學觀察、試驗、概括、推理、評價與驗證的過程中，必須暫時撇開主體的目的、利益、需要、興趣、情緒、情感、態度等主觀偏好，唯一以如實反映對象的客觀本質和規律為目的。因此，科學活動本身，它所取得的任何一項具體成果，並不涉及到或意味著道德之善惡，而是道德上「中立」或「無涉」的，這種「中立性」正是科學的「客觀性」與優點所在，也是科學工作者人格理智誠實的表現。

當然，無論怎樣，對科學與道德，認知與評價加以必要的理論上的區分，對具體科學活動是必須的、有益的。在某些具體科學活動中，不清除一些道德因素的「污染」，不排除一些主觀性要素的干擾，就不可能獲得客觀真實性，獲得真理。但是，一些科學的「道德中立說」者認為，科學或事實認知是與道德全然不相干的領域，它僅僅只是受其內在發展規律制約的；科學家正因為是科學家所以不能提供道德判斷，他只須獨立自主地進行科學研究，而不須考慮或承擔社會責任，等等，這卻是難以成立和讓我們接受的。理論的發展和社會歷史經驗也證明了這種觀點的不切實際與可能的危害性。

科學畢竟不是抽象、孤立、與人間禍福、與人類生存、自由與全面發展全然不相干的神仙遊戲，而是人類社會一項不可或缺的重要事業。科學既是人為的，也是為人的。為科學而科學、為知識而知識，從來就只是一種幻想或幻覺。人們對單純的「信念」、知識

幾乎毫無興趣，甚至對與其生存、生活幾乎不相關的「事實」也並不關注，或視而不見。人們搜集事實，是為了理解或認識這個世界；人們加工處理事實，試圖找到其所面臨的問題的答案；人們嘗試依據科學改造或改變世界，使其更適於生存與發展。科學作為人類活動的一種基本方式，是深深地植根於人類根本利益與社會需要之中的。甚至可以這樣說，脫離社會需要，僅僅是為著滿足科學家興趣或少數人好奇心的科學研究，並不是理想的科學研究；客觀的、不帶任何道德判斷的科學家，並不是理想的科學家。「熱愛真理」、「獻身真理」並不是科學與科學家與生俱來的天性，而是在長期的科學探索實踐中形成的，扎根於人類道德追求的社會品質。而且，歷史與現實也充分說明了，科學確實可以滿足人們的道德要求，實現人們的道德目的。一方面，科學是人類認識世界與改造世界的最強有力的手段或工具，這在人類的幾乎一切活動領域體現出來。另一方面，科學作為人與人類本身的一種特有的生存發展方式，其存在與發展本身就是人與人類生存與發展程度的一個標誌，也就是說，科學的發展與人和社會的發展是相聯繫的、一致的。

　　關於事實、信念的認知過程，也並不如日常想像或某些「道德中立」論者所宣稱的，是一個自然而然的、超脫於道德的過程，而是一個滲透著主體的道德意識等主體性因素的影響的過程。科學認知活動的主體是具體的、現實的人，無論是對事實材料的篩選、認定，還是對其的分析、綜合、推理、概括等，還是對認知活動結論的合理性之考察，都與主體的評價相關。這種評價一般有兩個方面，一是「事實評價」，即將事實材料或事實判斷等與客觀實際情況相對照、考察其可證實性、一致性、真理性等；而正如M. W. 瓦托夫斯基(M. W. Wartofsky, 1926～)等人所指出的，諸如可證實性、一致

性、真理性這些科學規範，正是人類根本利益在人類活動中的反映，是深刻的人類職責的高度凝煉。❷二是「道德評價」，即根據主體的諸道德標準、多方面的道德觀念，如倫理學中的人道主義原則等，自覺不自覺地對事實材料進行評價、選擇與加工處理。儘管這種評價是一種輔助性的評價（起決定作用的是「事實評價」），但也常常取得意想不到的成功。

反過來說，道德之「態度」也是不可能脫離科學、信念的，科學、信念對道德評價、態度具有重要影響。

人對對象的具體的、現實的道德評價，從來就是與對它的認知交織在一起、密不可分的，它們的分離或對之的分別探討，只是在抽象的思維和純粹的邏輯觀念中才有可能。也正因為如此，事實認知就必然對道德評價活動及結果產生影響與制約作用。其一，道德評價以事實認知為基礎，人們對客體與主體的認知愈深愈廣，那麼就愈有可能建立更豐富複雜的道德關係，從而評價的對象域也就越深越廣；人們對客體與主體自身的把握愈全面、準確、深刻、合理，那麼，人們的評價也就愈科學、愈合理。其二，人的認知是適應社會實踐的需要產生的，而人的評價對這種需要把握得是否準確、合理、及時，會直接對認知活動產生推動或抑制作用。甚至當代科學的發展以及對科學的道德的反思，導致了道德評價成為事實認知或科學探索之必要組成部分，例如，在關於遺傳學的研究，諸如基因複製與重組，生殖技術等，以及關於核理論的研究中，倫理道德評價就已不再是可有可無的、外在於科學研究的，否則，聽憑科學循著「道德中立」或「價值中立」的道路發展，其後果也許將是人類

---

❷　參見 M. W. 瓦托夫斯基：《科學思想的概念基礎——科學哲學導論》，求實出版社1982年版，第579～585頁。

無法承受的。

可見，關於科學與道德、事實與價值、信念與態度的二分對立，根本就是不能成立的。可以在一種什麼程度、什麼意義上，以這種區分作為理論基礎，也是值得商榷的。

5.3.2　關於態度上的分歧和信念上的分歧之區分能夠成立嗎？

如果說信念與態度的嚴格區分難以成立的話，那麼，建立在這一區分之上的史蒂文森情緒主義倫理學的另一基石——態度上的分歧和信念上的分歧之區分，也就很難成立了。

史蒂文森認為，倫理分歧可以區分為態度上的分歧和信念上的分歧，而態度上的分歧是倫理爭論的本質特徵。對此，有些倫理學家提出了質疑，認為這種區分與實際是不相符合的；不能說態度上的分歧是倫理爭論的特徵，科學中的許多爭論也不僅有對於事實的信念問題，也有態度上的分歧與對立的因素，等等。

V. 托馬斯(V. Tomas)認為，信念上的一致，或者說對實際問題的一致看法，也要依靠態度上的一致，至少爭論雙方首先必須接受邏輯一致性原則。接受這樣一個原則也就意味著具有一種一致的「認識的態度」，因為這一原則不是根據邏輯推導出來的，如同史蒂文森關於道德證明中所表明的一樣，任何支持這種「認識態度」的理由與「態度」本身的關係，是心理的而不是邏輯的關係。❷

既然科學認識中也存在態度因素的影響，那麼，不僅在倫理學中，而且在科學中也可能存在一些由態度分歧而引起的爭端。也就

---

❷　V. Tomas, "Ethical Disagreements and The Emotive Theory of Values," *Mind*, vol. 60 (1951), p. 209, 214.

是說，雖然史蒂文森已經看到許多道德爭議不可能僅僅根據信念或某些事實加以解決，但他並沒有認識到在科學中情況同樣如此。

當然，史蒂文森也曾指出這一事實：

> 有一些評價性問題，其爭議集中在組織知識的過程上。理論家們對知識的興趣可能會相互衝突，使得他們在什麼是值得談論的、什麼特性是重要的、什麼樣的分類圖式是合適的等等問題上產生意見分歧。涉及到何種組織有助於達到既定目的的這些問題並不總是偽裝的事實問題，因為對於這個目的可能存在著分歧意見。它們是真正的評價問題，必須使用那些我們在倫理學中已經檢驗過的方法。 **㉗**

不過，史蒂文森仍然強調信念和態度的明顯區分，並以之作為自己理論的最根本的基礎。如果這種區分根本不能成立，那麼，史蒂文森的理論體系、以及他的某些重要觀點（諸如獨立的情緒意義的概念）則無疑也是成問題的，或者說將喪失其最根本的基礎。

5.3.3 道德語言的描述意義與情緒意義的區分

關於語言的描述意義和情緒意義的區分，是情緒主義的又一個基本觀點。極端情緒主義者認為，存在一個可靠的、夠用的描述事實的語言符號系統或概念體系。在這一系統中，任何符號、任何語詞或語句、任何概念或判斷都應是純粹「事實」的或純粹描述性的。而道德陳述只具有情緒意義，而不具有描述意義。例如，在《宗教

㉗ C. L. Stevenson: *Ethics and Language*, Yale University Press, 1944, p. 286.

與科學》中，羅素指出，當一個人說「這本身是善的」時，他的意思是說「要是大家都想要它，那該多好!」這樣的陳述未作任何斷言，而只是表示了一種感情與願望。既然它什麼也沒有斷定，因此從邏輯上說，就不可能有任何支持或反對它的證據；或者說，它既不真，也不假。艾耶爾更是明確地說：「僅僅表達道德判斷的句子什麼都沒有說，它們純粹是感情的表達。」❷❽這種僅僅表達情緒、情感、態度的語詞或語句不表達任何事實內容，因而是不可證實的、無所謂真假的、沒有意義的偽概念、偽判斷，是應該加以拒斥的。

　　史蒂文森雖然對極端情緒主義者的過激觀點進行了引人注目的修正，他認為，道德語言不僅具有情緒意義，而且具有描述意義。但是，他仍然堅持道德語言的描述意義和情緒意義的區分，仍然堅持存在「獨立的情緒意義」，並且語言的描述意義可以在情緒意義不變的情況下發生變化；或者相反。這在事實上，仍然把道德語言的情緒意義與描述意義二分對立起來了。

　　在一定的意義上，可以說人是使用語言或符號的動物。擁有並可使用複雜的、系統的語言、符號，是人與一般動物的顯著區別之一。迄今為止，人類的思維和思想都必須借助於語言或符號來運作與表達——這也是可以對哲學進行語言或邏輯分析的一個重要原因。但是，實際上存在純粹的或獨立的描述性語言或情緒性語言嗎？對此，不少倫理學家都提出了不同意見。

　　歷史地看，語言符號的描述性與評價性分化確曾起過積極作用。科學中使用精確、單純、簡化、通用的語言符號，使科學成為

---

❷❽　艾耶爾：《語言、真理與邏輯》，上海譯文出版社1981年版，第123頁。
　　A. J. Ayer: *Language, Truth and Logic*, Victor Gollancz Ltd., London, 1955, p. 144.

可實驗操作的、可重複的、可準確交流與傳播的、可廣泛應用的一種活動，通過這種語言符號系統，可以有效地集中全人類的智慧與勞動，來推動科學的發展與應用。這也是目前人類熱中於建構更為精確、完整、通用的人工語言的原因之一。而與科學相對的另一些「人文」領域，如宗教、哲學、道德、藝術、音樂、文學乃至日常生活等領域，使用那些模糊、多義、含混、意味深長的語言符號，或運用隱喻、比擬、借代等語言表達方法，又可較為充分地記錄與表達更具個性特點，與人的獨特體驗與情思相關的內容。

但是，人類社會中是否存在和將出現一個純粹描述性的，「價值中立」的事實語言符號框架或概念體系，和另一個純粹評價性、規定性的價值語言符號系統或概念體系呢？

我們認為，答案是否定的。

語言哲學、符號學的研究表明，事實必須依賴於具體的、社會的、歷史的語言或符號系統來表達，這正如維特根斯坦所說：「我的語言的界限意味著我的世界的界限」[29]。而語言並不是私人的、只有思考與說話者本人才知道的無法用來交流的語言，而是一種共同遵守公共規則的活動，即維特根斯坦所謂「語言遊戲」活動。當然，遵守規則是一種公共的實踐活動，而且語言規則也不是一成不變的教條，而是隨著人類的實踐活動的變化而變化的。但無論如何，並不存在為某個孤獨的心靈所私人擁有的純粹語言。

按照結構主義語言學，所有的關於世界的陳述都是在一個符號系統中用語言表達的，因而這些事實陳述只有依據其所構成的符號

---

[29] 維特根斯坦：《邏輯哲學論》，商務印書館1962年版，第79頁。Ludwig Wittgenstein: *Tractatus Logico-Philosophicus*, Routledge & Kegan Paul Ltd., London, 1922, p. 62.

系統才能被理解；同樣地，價值陳述也並不擁有另一套語言符號系統，它同樣是用理解與表達事實的語言符號系統來進行理解與表達的。

按照與結構主義相對立的解構主義語言學，在我們的語言中隱藏著某種「神話」，即語言必須利用圖像，並且圖像在理解中的作用比我們願意承認的要大得多。因而認為我們能以某種純粹的方式把握這一世界完全是一種錯覺。因為我們的語言和語詞總是不能與圖像相分離；價值詞也不必用一種特殊的方式去對待它，因為在一個創造性的遊戲中，某一種語言中的所有詞都涉及到圖像，而圖像既具有事實意蘊，也具有價值負荷。

除此之外，當我們敘述一個事實或事件時，對事實或事件的理解與解釋還與敘述的方式、方法及運用的情節、材料等相關。不同的故事可能通過不同的語言遊戲、符號系統或重要圖像來敘述；這一敘述與其說是在客體性事實與主體性價值之間進行選擇，還不如說是在敘述的不同策略和方式之間進行選擇。

總之，純粹描述事實的「價值中立」的語言符號系統或概念體系是不存在的。描述事實、評價價值均是由同一人類語言符號系統或概念體系來承擔的，人類語言中並不存在一套事實語言和一套價值語言。

也許史蒂文森等人又會指出：即便如此，而語言的意義在於其用法，關於語言的使用是可以嚴格區分其描述性用法與評價性（或情感性、規定性）用法的。然而，正如很多思想家已經指出的，這一區分仍不具有普遍性。麥金太爾(A. C. MacIntyre, 1929~)、P. 圖麥蒂等人從自然法理論的角度，提出了所謂「功能性概念」，即具有功能的事物的概念。P. 圖麥蒂指出：「對一種功能性事物的概念

的任何恰當的定義都必須部分地依據那個事物的功能或目的而被建構起來。這就意味著，一個具有X型功能的事物的概念不能脫離一個好X的概念而獨立地被界定。」❸也就是說，一個功能性概念是不能不包含某種價值因素的。例如，「鋼琴」等樂器，「眼睛」等生物器官的定義是不能脫離其功能建立起來的，並且不能脫離「完好的鋼琴」、「健全的眼睛」而被界定；甚至「鋼琴」、「眼睛」等的原初的、核心的含義就是由「好鋼琴」、「好眼睛」來賦予的。特別是一些社會角色概念，如「母親」、「船長」、「警察」等，更同樣地意味著義務、責任、權力等倫理、價值因素。涉及到這些概念時，關於語言用法的「事實與價值」、「描述性與評價性」的鴻溝經常被逾越。

與功能性事實概念多少有些聯繫的是 J. R. 塞爾 (J. R. Searle, 1932～)提出的「慣例性事實」。例如，「允諾」在人類的言語行為的形式中是一種慣例，它必須服從一定的規則。當一個人允諾另一個人什麼時，根據慣例，他就必須承擔一定的義務，履行允諾；可見，一個人允諾什麼，這是一個可以實證的事實，但卻是一個慣例性事實，它與「義務」、「責任」、「應該」等相關。一般來看，像「允諾」這樣的慣例性事實還有很多，如「X與Y剛簽了一份合同」、「X與Y結婚了」，等等。表達這些慣例性事實的語言，顯然是有規定性意義或價值內蘊的。

特別地，任何語詞或語句、任何概念或判斷都不能孤立地存在和自動地起作用，而只能作為一定的語言系統的元素而存在，顯然不存在一個純粹評價性、情緒性、規定性的，而不涉及到描述性事實的系統，即便存在，由於脫離了人生活的世界與人的生活，也沒有意義。那麼是否可以建構一個描述性事實系統呢？似乎是可以的，

---

❸　培里等：《價值與評價》，中國人民大學出版社1989年版，第205頁。

例如科學理論系統。而庫恩的「範式」理論等卻揭示出，任何科學理論系統作為範式，都與一定科學共同體的價值規範、價值取向以及說明問題的方式等相關。而且，這種所謂的純粹描述性事實系統根本不能脫離一定價值因素而建構起來。

總之，根本不存在絕對、純粹的描述「事實」或評價「價值」的語言符號系統。表達「事實」的語言和表達「價值」的語言的區分只具有相對的意義。同樣，也不存在關於語言用法的描述性與評價性、情緒性的絕對區分。哈佛大學的 H. D. 艾肯教授指出，任何一個語義符號包括感嘆詞，都具有描述性意義，即「一個衡量這個符號在特定場合中的用法恰當與否的標準。」[31]

在這個問題上，杜威也同意艾肯的看法。他進一步指出，史蒂文森的所謂「自然表達」，如微笑、嘆息、呻吟等等，根據語言符號的處境都形成了一種描述性對象。艾肯和杜威都贊成，語言符號的情緒意義都依賴於描述意義，正是由於它們的描述性涵義，它們在道德方面以及其他方面的特殊運用中，才具有情緒意義。如杜威指出，道德範疇實際上常常用來表達「懇求和勸導」，或者用以表示「人類內心感情」，但把它稱作其意義的一部分是錯誤的；所有的情緒意義都只能依賴於描述意義而存在。

當然，這裡我們也絕不能走向另一個極端，認為表達事實和價值的語言形式沒有什麼實質區別，否認表達事實或價值的語言的特殊性；畢竟，表達事實的語言的功能主要在於描述或解釋，而表達價值的語言的功能則側重於評價或規範，明確這一點總是必要且重要的。

---

[31]　Henry D. Aiken, "Ethics and Language", *Journal of Philosophy*, vol. 42 (1945), p. 463.

　　總之，情緒主義者在強調倫理或價值概念、判斷與事實概念、判斷的區分上，是有獨到貢獻的。根據其「可證實性原則」和意義標準，情緒主義者特別地強調了事實概念、判斷的經驗證實意義，以及倫理語言表達主體情緒、情感、態度的意義。情緒主義者抓住了道德之善惡、價值等與主體情緒、情感、態度等密切相關這一至關重要的方面，並把這一點強調到至高無上的高度，這對於理解善惡等價值的主觀性特徵，區分事實與價值，匡正某些人視價值為某種自然存在物或其屬性的自然主義觀點，是有積極意義的。但情緒主義否認價值現象的客觀存在，認為價值完全不過是主觀情緒、情感、態度的表達，而未進一步深入到對主觀情緒、情感、態度之客觀基礎的考察，這又是其片面、膚淺與不徹底之處。特別是據此把事實概念、判斷與價值概念、判斷完全對立起來，把道德語言的描述意義與情緒意義完全隔絕開來，否認價值概念、判斷作為知識的可能性，從而取消倫理學與價值科學，乃至一切哲學，這又是片面的，也是無視現實的。

　　最後還應當提及的是，史蒂文森在修正、調和極端情緒主義理論的矛盾的同時，又製造了許多新的困難。例如，難道科學、邏輯語言與道德、價值語言的區分僅僅是有無情緒意義？如果答案是肯定的，那麼，又如何解釋美學語言、宗教語言和道德語言的異同？諸如此類的問題，都是史蒂文森提出來卻不及具體回答的。這一方面反映了他倫理學的局限，另一方面又給以後的倫理學家們留下了新的理論空間，這就是對道德語言的進一步分析。當然，在這個意義上，我們可以說，史蒂文森既是現代情緒主義倫理學的總結者，也是現代語言分析倫理學的開啟者。

5.3.4　關於道德語言的功能

　　依據可檢驗性原則和意義標準，極端情緒主義者把倫理或價值概念看成是「偽概念」、「假概念」，把倫理或價值判斷看成是「妄判斷」、「假判斷」，把倫理表達說成是沒有意義的「廢話」、「胡說」。這種觀點顯然是片面、過激的。無論他們的具體含義如何解釋，至少這種說法是粗陋、簡單、缺乏說服力的。這一點已有很多學者曾經指出過了。

　　雖然史蒂文森反對把情緒意義視為沒有意義的「廢話」、無知的胡說，但他仍然認為倫理表達與科學表達具有本質差別。他認為，道德命題主要都是用以鼓勵、改變，或者約束人們的行為和目的的，而不僅僅是對它們進行描述。或者說，道德判斷的主要用途不是推出事實，而是創造影響。

　　　　道德判斷就是向人們推薦某種東西，要人們對該東西持贊成或不贊成的態度。它不僅是客觀地描述事實，也不僅是毫無感情地討論事實是否已經得到讚許或按其性質何時將得到讚許。因此，道德家常常是改革者，這決不是偶然的。㉜

　　也就是說，在史蒂文森看來，道德語言絕不僅僅只是描述、記錄或揭示事物的現象、內部聯繫和事物之間的關係，而是表達我們的態度和感情；它不僅具有表達判斷者情緒的功能，而且具有影響、改變接受判斷者的情緒、態度的功能。

㉜　C. L. Stevenson: *Ethics and Language*, Yale University Press, 1944, p. 13.

　　規定主義倫理學家R. M. 赫爾(R. M. Hare, 1919～)在《道德語言》一書中，對史蒂文森把贊成態度作為道德陳述的基本特徵和功能提出了批評。赫爾認為，在陳述道德原則的過程中，人們確實採取了一種表示贊成的態度；但這根本無法解釋當我說一個行為是對的時候的想法。R. M. 赫爾指出，「告訴某人做某事」與「使某人做某事」是兩個截然不同的邏輯過程。前一種情況是通過提供合理的證明和推理，從而形成一個道德命令，責成某人做某事；後一種情況具有宣傳性，可以採取任何方式。當然，實際上，赫爾所作的上述區分在實行過程中往往不是十分清楚的。對此，英國著名哲學家R. B. 布雷思韋特(R. B. Braithwaite, 1900～)評論道：無疑，告訴某人做某事是企圖使他去做那件事的一種方法或手段。假如單憑「告訴」並不見效的話，那就不得不試試其他的方法──例如理性的方法，如提出一些理由來使他相信你的話；非理性的方法，如用上「拇指夾」刑(thumb-screw)來「說服」他。不過，布雷恩韋特同意赫爾關於贊成的情緒和道德判斷毫不相干的看法。史蒂文森要求我們注意道德判斷所伴隨的態度，而R. B. 布雷思韋特和R. M. 赫爾卻堅持認為，史蒂文森並沒有對道德判斷本身作出適當的分析。

　　然而，道德語言的主要作用就僅僅在於表達態度和感情，以創造、施加影響嗎？西方不少倫理學家對此提出了批評。W. D. 赫德森指出，情緒主義最明顯的缺陷就在於，它堅持道德語言的主要作用是「施加影響」。可以肯定，「施加影響」既不是道德語言的充分條件，如可以通過許多語言使用方式對人們的行為施加影響，如法則、廣告、親熱的稱呼等。──實際上，正如我們在前面已經討論過的，史蒂文森自己也注意到了，人們可以有很多方法用來對人施加影響，如理性的方法、勸導的方法、等等。也可能有很多動機或

目的對人施加影響，這些動機或目的可能是公開的，也可能是隱蔽的；可能是直接的，也可能是間接的；可能是為公共利益的，也可能是自私的；等等。── 也不是道德語言的必要條件：例如，在很多場合，人們明知道有些話不可能對對方有什麼影響，但仍然會說，仍然要說。❸這類「廢話」、「套話」在理論上儘管難於理解，在日常生活中卻是普遍的、常見的。史蒂文森從其後設倫理學立場出發，對這一點確實沒有給予足夠的注意。

對史蒂文森倫理學的缺陷，我們還可指出一些，例如，史蒂文森認為，心理方法是倫理學問題之最終解決方法，然而，果真如此嗎？如果是，那麼如何解決倫理學之客觀性問題？再如，史蒂文森的倫理分析總是以一些典型的或標準的倫理判斷為對象的，而事實上，倫理表達常常是很模糊的、有歧義的，它有時很難歸入某一個典型的或標準的模式；此外，後設倫理學分析誠然是必要的，但把倫理學研究僅僅定位於此，而不涉及實際道德問題，顯然又是不夠的；等等。由於這些問題有些已經討論過了，而且限於篇幅，這裡我們就不一一細緻剖析了。

5.4　史蒂文森倫理學的歷史地位

透過史蒂文森的思想與研究方法，他無疑可以進入世界著名哲學家、倫理學家的行列。具體地說，史蒂文森的歷史地位是由如下幾個方面決定的。

---

❸　參見W. D. Hudson: *A Century of Moral Philosophy*, St. Martin's Press, New York, 1980, p. 120.

5.4.1　自摩爾以來最重要的後設倫理學家

如前所述，史蒂文森的理論是從一個假定開始的，那就是：科學以一致為標誌，而道德以分歧為顯著特徵。這一假定的具體內容之一，就是規範倫理學與後設倫理學的區分。

這一區分可以上溯至20世紀初的摩爾及其劃時代巨著《倫理學原理》。在這部「標誌著20世紀倫理學革命的開端」的著作中，摩爾對從前的一切有影響的規範倫理學思想和流派、特別是十分流行的自然主義倫理學進行了駁難，並以其「善不可定義」、「自然主義謬誤」等思想，連同他的分析方法（特別是對「善」這一概念的精微分析），開創了分析倫理學或者說後設倫理學之先河。自摩爾的《倫理學原理》始，傳統的自然主義倫理學、形而上學倫理學等規範倫理學日趨式微，西方倫理學家們越來越不願對具體的道德問題發表意見，而逐漸轉向對道德語言進行邏輯的或語言學的分析，也即出現了後設倫理學占主導地位的傾向。

作為摩爾的學生，史蒂文森深受摩爾的影響，並把摩爾的後設倫理學思想大大深化與發展了。

首先，史蒂文森對倫理學作了明確分類，並明確了各種類型的倫理學的研究範圍和任務。在《事實與價值》一書的前言中，史蒂文森指出，倫理學有三種不同的類型：即對既有的道德現象（行為、意識等）進行經驗描述的「描述的」倫理學；為人們提供各種一般的倫理原則的「規範的」倫理學；以及澄清規範倫理學的問題及其術語的意義、考察各種可以支持規範倫理學結論的理由的「後設倫理學」（或「分析的」倫理學）。

在《倫理學與語言》、《事實與價值》以及一系列論文中，史蒂

文森似乎在致力於處理諸如「什麼是善與惡?」「應該做什麼?」「不應該做什麼?」之類問題，似乎在試圖把握「善」、「正當」、「公正」、「應該」之類概念的含義，——這些顯然都是人們日常生活中所熟悉的。但是，史蒂文森並不是如同傳統的倫理學家那樣關心這些問題，他從不關心那些傳統的倫理學爭論，儘管這些爭論近年來常常是倫理學研究的中心。他僅僅在論述過程中才涉及到描述倫理學，而且，為了致力於他自身的任務，他也並不著力於真正回答規範倫理學的問題。徹底沿著摩爾的「分析」思路深入下去，史蒂文森甚至並不特別關注具體的道德規範、道德選擇，並不注意尋找評價人們的行為是否正當的標準，並不去考慮應該委身於怎樣的生活、應該如何去行動，而僅限於在後設倫理學範圍內進行探索。

其次，史蒂文森比較徹底、也比較正確地解決了規範倫理學與後設倫理學的關係問題。

自摩爾開創後設倫理學傳統以來，在一些人的心目中，後設倫理學與規範倫理學就是互相對立的。甚至在批判傳統道德哲學的過程中，這種對立傾向也有明顯的表現，如有的人（如石里克）提出，倫理學的中心問題是對道德行為的因果解釋，是個純粹心理學的問題，從而得出根本沒有倫理學，所謂倫理學不過是心理學一部分的結論；有的人（如卡爾納普）則認為規範倫理學沒有理論意義，不是科學的命題，而是命令，這種命令可能對人們的行為有影響，這些影響可能符合也可能不符合我們的願望，但它既不真也不假，既不能被證實也不能被證偽。英國著名的情緒主義者艾耶爾在1936年出版的《語言、真理與邏輯》一書中提出，以往的倫理學體系包含的內容可分為四類：一是表達倫理學詞語的定義的命題，或是關於某些定義正當性或可能性的判斷；二是描寫道德經驗現象及其原因

的命題；三是要求人們在道德上行善的勸告；四是實際的道德判斷。
他認為唯有第一類才構成倫理哲學。倫理概念是「假概念」，在字
面上是沒有意義的。一個倫理符號出現在一個命題中，對於這個命
題的事實內容並不增加什麼，客觀存在的意義僅僅在於表明說話者
的一定情緒，並可喚起聽者的相應情緒從而激發行動。

　　鑑於極端後設倫理學家、極端情緒主義者所受到的攻擊，諸如
後設倫理學「只看病，不開藥方」、「倫理學已僵死了」等，同時也
為了使自己的理論更接近常識，多少有些現實意味，史蒂文森沒有
接受「拒斥規範倫理學」的提法，而認為「規範問題構成了倫理學
的最重要的分支，滲透於一切生活常識之中」❸，後設倫理學與規
範倫理學的關係不是對立的，而是相輔相成的。在史蒂文森看來，
後設倫理學和規範倫理學的關係，就如同科學哲學與各門具體科學
的關係一樣。正如人們並不指望概念分析和科學方法的研究能代替
具體科學的探索一樣，人們也不能期望後設倫理學的分析，可以作
為評價人們行為是否正當的標準。

　　史蒂文森認為，規範倫理學之所以不能成為科學，關鍵在於它
無法解釋人們在倫理判斷中的各種分歧，更無法洞察到構成倫理判
斷的語詞、語句的具體意味。在史蒂文森看來，分析倫理學所從事
的恰恰是規範倫理學所沒有、也不可能從事的工作：分析倫理概念、
判斷的意義，以及判斷構成形式的意義等問題，這也就是對規範倫
理學的意義和科學問題的區別的分析，就是對構成倫理判斷之語詞
語句、語調等要素的分析。規範倫理學的基本特徵在於它對行為的
價值判斷和規範，而各種倫理學判斷都具有一種「偽命令」的力量，

---

❸　C. L. Stevenson: *Ethics and Language*, Yale University Press, 1944,
　　p. 1.

其目的是通過判斷的語氣、情緒、情感、手勢等形式去影響所判斷的對象，並對其加以修正。傳統的興趣理論就是其典型表現。但是，它的工作只是一種心理的描述和影響，無法真正為解決人們的道德問題提供什麼新的東西。分析倫理學卻恰恰相反，它立足於中立的立場，辨析著人類表達各種價值判斷的語言形式，從而發現這些語言形式的功能、特徵、意味和差異，使倫理學能夠成為給人們提供道德生活的新知識科學。

再次，史蒂文森運用自摩爾、邏輯實證主義者以來的分析方法，對道德語言作了迄今為止最細緻詳盡、最有影響力的分析與研究。

史蒂文森指出，在分析規範倫理學結論的理由和根據時，首先必須弄清楚倫理學問題，如「什麼是善?」或「什麼選擇更有價值?」產生的原由。而要弄清楚這些問題本身，就不能不先弄清楚倫理學的基本定義、以及構成倫理學定義表述的各種關鍵性語詞及其意味。這就必須要涉及到語言、特別是道德語言的複雜性。傳統的倫理學似乎都只是停留在規範倫理學層次，滿足於制訂和尋求各種普遍的一般倫理原則、規範和結論，表現出對倫理學中的語言問題的天生遲鈍。繼承摩爾開創的後設倫理學傳統，借助於倫理分析，特別是邏輯與語言分析手段，史蒂文森第一次較為系統地具體分析了倫理學語言，如「善」、「正當」、「公正」、「應該」之類道德概念、「什麼是善的?」「A比B孰善?」之類道德判斷的「真實」涵義。他認為，道德概念、道德判斷不僅具有情緒意義，而且具有描述意義，道德概念、道德判斷不僅在於描述情緒與態度，更在於喚起、加強與影響人們的態度。他不僅一般地辨析了事實命題和價值命題的異同，而且從語言學、語句、語調的功能特徵、表達方式，分析了它們的認識意義、情緒意義和心理意義。史蒂文森的這一系列工作，為人

們把握道德語言的意義與功能，澄清其中的混亂、誤解與矛盾，使之走向精確、明晰與科學，提供了必要的工具和方法。

第四、史蒂文森比較系統地討論了適用於規範倫理學的一般性研究方法，提出了許多獨到的見解。

關於倫理學研究方法的探討，是後設倫理學研究的一個十分重要的方面。史蒂文森以倫理爭論的解決為出發點，比較系統地討論了適用於倫理學的各種方法及其關係。史蒂文森認為，倫理分歧爭論的解決，一方面是信念上的分歧的解決，另一方面是態度上的分歧的解決。由於態度上的一致常常必須以信念上的一致為前提，改變態度的一個途徑是從改變信念入手，因此，理性的方法，如關於事實性問題的邏輯推理、真假分析，是倫理學的一種基本的方法。但是，對於倫理爭論，歸根結底的決定性的是要求態度上的分歧的解決，因此，無論在理論上，還是在實踐中，科學、理性方法都不是決定性的，都是不夠的，時常還必須求助於解決倫理分歧的「非理性方法」。非理性的方法很多，甚至像使用物質獎勵和懲罰、舉行各種形式的公開抗議和展覽，都可以看作是非理性的方法。但史蒂文森認為，最重要的非理性方法可以稱作「勸導」法，包括自我說服、自我勸導的方法。而且，值得注意的是，勸導方法常常是與理性方法結合起來使用的，具體運用哪一種方法，關鍵在於具體的道德情形是怎樣的。

總之，由摩爾開創、艾耶爾等邏輯實證主義者加以發展、情緒主義者史蒂文森予以進一步深化的後設倫理學研究，在倫理學史上是有革命性、轉折性意義的。自20世紀20年代始，後設倫理學一直占有主導地位，而規範倫理學則日趨式微。甚至正是由於摩爾、艾耶爾、史蒂文森等人的影響，在一段時間裡造成了如下後果：「倫理

學家們對傳統的規範問題都緘口不言」,似乎規範問題的討論說明倫理學家在不務正業。20世紀70年代,規範倫理學研究開始重新抬頭後,後設倫理學研究仍是不容忽視的;特別是其所倡導的邏輯與語言分析方法,仍是無可非議的、不可或缺的方法,這與史蒂文森等人的貢獻是分不開的。

也正是由於史蒂文森在後設倫理學方面的傑出成就,人們常常將他與摩爾相提並論,他後來的《倫理學與語言》一書,被一些人讚譽為自摩爾的《倫理學原理》之後最重要的後設倫理學著作;他自己也被公認為自摩爾以後最重要的後設倫理學家。

5.4.2　溫和的情緒主義倫理學之創立者

前面已經指出過,史蒂文森的情緒主義理論是以折衷調和的方法為基本特徵的。一方面,史蒂文森堅持了從休謨、摩爾、維特根斯坦到艾耶爾的後設倫理學路線,堅持後設倫理學與規範倫理學的對立,同時也堅持了情緒主義的基本立場和觀點。另一方面,鑒於艾耶爾等人的極端情緒主義引起了廣泛的批評,也由於極端情緒主義的一些觀點與現實不相符合,因而,為了使情緒主義更加符合實際,也避免許多可以避免的誤解,史蒂文森對艾耶爾、卡爾納普等情緒主義者的某些極端觀點作了修正,提出了一系列新的觀點,從而成為人們所說的「溫和的情緒主義者」。他所創立的理論,也被人們視為一種新的倫理學理論。如德國哲學家 W. 施太格繆勒 (Wolfgang Stegmüller, 1923～)在《當代哲學主流》中指出:

> 由於史蒂文森的研究,產生了一種和迄今大部分倫理學理論有本質不同的倫理學理論。㉟

不過，對於自己的理論，史蒂文森倒是十分樂意承認，他自己的觀點繼承了艾耶爾等人的情緒理論。史蒂文森甚至認為，他的工作與其說是對艾耶爾等人的觀點進行攻擊，不如說是為艾耶爾等人的觀點進行辯護。

如果說史蒂文森的情緒理論是艾耶爾等人的情緒理論的繼承和發展的話，那麼，不能忽視的是，他們的理論側重點是很不相同的。艾耶爾等人的傾向是消極的、否定的，他們堅持邏輯實證主義的意義標準，闡述道德語言的情緒因素是為了否定道德陳述具有認識意義，從而把倫理學推到了科學的對立面。而史蒂文森的目的是正面的、肯定的。他研究道德語言的情緒因素是為了分析道德語言的意義，他並不認為道德問題是無所謂真假的偽問題、道德判斷是沒有意義的偽判斷。他不是為了科學命題而拒斥倫理學命題，也並不為了保持「價值或道德中立」而拒絕規範倫理學的問題的研究，他的研究可以說是一個純正的倫理學家對道德語言的研究。

首先，對於人們相對陌生、並易於產生誤解的後設倫理學來說，情緒主義者首先要解決的問題是其與規範倫理學的關係。如前所述，為了避免早期情緒主義所受的攻擊，也為了使自己的理論更接近常識，史蒂文森並不簡單地贊同帶有強烈情緒色彩、並極易遭到人們誤解的「拒斥規範倫理學」的提法，而認為規範問題構成了倫理學的最重要的分支，規範倫理學問題對於人們的道德生活來說，是非常重要的。在《倫理學與語言》以及其他論文中，史蒂文森實際上也涉及到了大量傳統的規範倫理學實例，如「民主」、「自由」、「教

㉟　W. 施太格繆勒：《當代哲學主流》，商務印書館1986年版，第507頁。
W. Stegmüller: *Hauptströmmungen Der Gegenwarts Philosophie*, Eine Kritische Einführung, Band I, Alfred Kröner Press, 1978, p. 511.

養」、「許諾」、「欺騙」、「納稅」、「戰爭」、「婚外性關係」等等。他對這些問題都加以重新考察，「從語言和意義的研究中形成了對它們的一種理解。」❸而且，史蒂文森一再強調，後設倫理學關於意義和方法的分析必須仔細考察人們的行為活動，必須以人們的日常行為為基礎，否則便無異於閉門造車。

同時，史蒂文森對邏輯實證主義據以「拒斥規範倫理學」的「可證實性原則」也提出了質疑，他認為，倫理判斷和它的論證理由在邏輯上常常是各自獨立的，其論證過程也無須滿足科學與邏輯論證的那種有效性，因此，無論「可證實性原則」在科學中是否適用，但它對倫理學常常是不適合的。具體對其一個分析模式來說，史蒂文森指出，僅僅作為一個經驗準則，它對於第二模式是有用的；而對於第一模式來說，這一原則就毫無用處。

其次，史蒂文森並不認同極端情緒主義者割裂科學與道德、事實與價值、認知與評價的絕對二分對立的傾向。作為溫和的情緒主義者，對於極端情緒主義者絕對地割裂信念與態度的「二分對立」觀念，史蒂文森也並不贊成。他認為，信念與態度是存在密切的相互聯繫的。一方面，具體道德問題，或者說態度與信念有著密切聯繫，「如果不想愚昧無知地評價一個對象，就必須通過這個對象活生生的實際前後關係去仔細地觀察它。」❸幾乎所有的信念都與道德具有這樣那樣的關係，當然，要具體地確定與某種對象相關的信念可能是很複雜的。人們對某一事物的信念變了，也可能會引起人們的態度發生變化。另一方面，對對象的各種不同的評價，人們的各種

❸ C. L. Stevenson: *Ethics and Language*, Yale University Press, Preface.

❸ C. L. Stevenson: *Ethics and Language*, Yale University Press, pp. 11–12.

具體的態度，對哪些信念能夠進入人們的視野，受到人們的關注，具有著一定的影響。「我們的態度使我們沉迷於希望的思考之中，而且因為態度會導致我們抑制或發展某些信念，這些信念可以向我們揭示出達到既定目標的手段。」❸

同時，史蒂文森也不同意極端情緒主義者艾耶爾否認態度上的分歧，認為倫理或價值判斷沒有什麼好爭論的觀點。他對科學研究和日常生活中的種種分歧進行了認真的考查，提出了著名的兩種分歧的理論：即信念上的分歧與態度上的分歧及其關係的理論。雖然史蒂文森仍然堅持，道德問題不屬於知識領域而屬於情緒、態度領域，態度分歧是激發道德爭論、並在爭論中具有支配地位的因素，但他也同意，倫理學或價值論上的分歧常常與信念和態度的分歧都有關，並且兩種分歧實際上是相互聯繫、相互影響、相互滲透的。他指出，必須摒棄那種認為信念和態度只能互相排斥的觀點，而應該從信念和態度的相互聯繫中去進行思考；態度和信念各有其自身的功能和作用，雖然在其雙向影響中，有時一方會占據優勢。信念是指導或糾正態度的必要準備，而道德判斷是向人們推薦什麼，對什麼持贊成或不贊成的態度，它起著祈求、建議的作用，並訴諸人們的認識情感之天性：在規範倫理學中，描述事實的時候人們總要考慮它將帶來什麼樣的感受和對它應該做些什麼。

再次，雖然史蒂文森繼承了艾耶爾等人關於道德語言具有情緒意義的觀點，並把情緒意義作為自己倫理學思想的核心。但史蒂文森並不贊同艾耶爾等人的「意義理論」，反對倫理概念和命題沒有意義，是假概念、偽判斷的說法，從而提出了關於倫理學的情緒意義的溫和主張，也有人稱之為「態度理論」。

---

❸　C. L. Stevenson: *Ethics and Language*, Yale University Press, p. 5.

　　史蒂文森認為，倫理或價值判斷表達說話人的態度，而且一般說來，說話者是帶著希望其他人持相似態度的意圖的；倫理或價值語言不僅具有情緒意義，同時也具有描述意義，當然，描述意義是次要的。倫理語詞不僅描述人們的興趣，而且通過建議、加強語調等方式加強或改變興趣，它部分地具有命令的力量，但又與命令句有微妙的區別，即以不自覺的方式使人作出改變。例如，他認為，「這是善的」的意思是：「我贊成它，你也贊成吧」，以用來加強或改變聽話者的態度。

　　史蒂文森指出，當艾耶爾說規範倫理學判斷「既不是真的，也不是假的」時，他忽視了這些判斷的描述意義。他十分引人注目地指出，倫理學概念、判斷不僅具有情緒意義，而且具有描述意義。當然，情緒意義是倫理學語言的典型特徵。因此，史蒂文森對艾耶爾等情緒主義者的觀點加以如此限制和修正：

　　　　更加準確和清楚的說法是，一個倫理學判斷可能是真的或假的，但是，它的描述意義上的真也許不足以支持其情緒影響。㊴

　　「情緒」這個術語本身並不一定具有貶義的情緒色彩。它(史蒂文森的工作——引者注)特別強調指出，道德判斷除了其情緒意義之外，還具有複雜的描述意義。即使在第一模式中，描述意義也沒有被排除(儘管本來可以把它排除出去)；而第二模式則承認描述意義具有相當獨立自主的地位。這樣一種做法避免了任何關於道德判斷意義的教條主義，緩和了道德

㊴　C. L. Stevenson: *Ethics and Language*, Yale University Press, 1944, p. 70.

判斷「既不真也不假」這種自相矛盾的爭論。後一種說法沒有任何意義，只能引起人們的誤解。如果指出道德判斷能夠具有真假性，只是它的描述真實性不足以支持它的情緒影響，那麼，這種說法就更準確，也更逼真。 ❹

而且，後來，史蒂文森還認真討論過「真實」一詞的含義，在其特別擴展了的意義上，使它能夠適合那些純粹情緒性的道德判斷。

當代許多倫理學家都接受、支持史蒂文森的這一觀點，儘管他們並不一定贊同史蒂文森把情緒因素作為道德語言的主要特性。L. 賓克萊指出：「史蒂文森最大的貢獻，也許莫過於他說明了規範倫理學判斷包含著描述性和情緒性兩個方面，儘管後者標誌著道德判斷的主要區別。」❹ 而且，在史蒂文森的影響下，他們都已經開始注意研究人們具體使用道德語言的方式，試圖在史蒂文森的「情緒」、「態度」的基礎上，尋求更適當、更精確的詞來討論這種使用方式。

第四、史蒂文森還力求特別全面地注意倫理學方法，強調情緒意義和描述意義二者之間的相互作用，改變人們關於道德家必須是非理性的、獨斷性的傳統印象。非常值得指出的是，史蒂文森認為解決倫理爭論既可能要運用理性方法，也可能要運用非理性方法；既可以運用邏輯方法，也可以運用心理方法；科學方法或手段在倫理分歧的解決中，常常也是必不可少的。當然，其中非理性的、心

---

❹ C. L. Stevenson: *Ethics and Language*, Yale University Press, 1944, p.267.

❹ L. 賓克萊：《二十世紀倫理學》，河北人民出版社1988年版，第110頁。原譯文中「情感」改譯為「情緒」。 參見L. J. Binkley: *Contemporary Ethical Theories*, Philosophical Library, Inc., New York, 1961, p. 99.

理的方法是占主導地位的，理性的、邏輯的或科學的方法在解決倫理爭論時是有條件的。

強調科學、理性、邏輯方法在解決倫理分歧中的作用，這是史蒂文森與卡爾納普、艾耶爾等極端情緒主義者的一個重大區別。這一點與關於道德語言具有描述意義的觀點一起，使史蒂文森「溫和的情緒主義」面貌明顯地表現出來。

此外，史蒂文森的情緒理論與極端情緒主義者不同之處，還在於它縮小了「作為目的的善」與「作為手段的善」之間區別的重要性。

總之，史蒂文森確實明顯地修正了極端情緒主義者的一些過激、草率、甚至簡單化的觀點，也使其理論更加符合實際。這正如L.賓克萊所指出的：

> 很顯然，史蒂文森關於情緒理論的論述比艾耶爾的理論更為令人滿意，因為史蒂文森並沒有過分為情緒理論的某些錯誤觀點進行狡辯。❷

他的溫和而系統的情緒主義「態度理論」，無論如何是情緒主義倫理學發展的一個重要階段。而且，也正由於他的觀點之溫和，他的論述之系統精緻，這使得情緒主義後來的發展越來越擺脫了早期的那種粗陋、簡單、草率、極端、片面的印象，使得情緒主義倫理學逐漸為人們所理解與重視，從而在學術界獲得了穩固的學術地

---

❷　L.賓克萊：《二十世紀倫理學》，河北人民出版社1988年版，第111頁。原譯文中之「情感」改譯為「情緒」，參見L. J. Binkley: *Contemporary Ethical Theories*, Philosophical Library, Inc., New York, 1961, p. 99.

位。從此，關於倫理學的研究再也不能不注意道德語言的分析，同時也不能忽視道德語言的情緒意義了。此外，還有必要指出的是，由於史蒂文森的系統、細緻而有說服力的工作，很多早期極端情緒主義者也修正了一些他們自己的那些過於草率、簡單的結論。例如，艾耶爾通過指出其主要的興趣在於分析的明晰，以及表明自己並非以一種蔑視的態度對待倫理學，就明顯地修正了他自己最初的一些看法。

由此觀之，史蒂文森的倫理學研究，無疑構成了整個倫理學思想發展史上重要的一環。

5.4.3　情緒主義倫理學之集大成者

「情緒主義的出現，是現時代倫理學理論最重要的發展之一。」[43]它的產生與發展，使自摩爾以來的後設倫理學達到了一個相當高的高度。

情緒主義倫理學的發展，經歷了一個漫長的過程。在休謨、奧格登和理查茲等先驅者的思想基礎上，20世紀20年代末，維特根斯坦、羅素提出了這一理論的原則性見解，後來經石里克、卡爾納普、克拉夫特(K. Kraft, 1880～1975)、賴欣巴哈(H. Reichenbach, 1891～1953)到艾耶爾，這種倫理學理論已經獲得了長足的發展。這具體表現在：(1)以邏輯實證主義為哲學基礎，它逐漸在具體的理論形式上有了一個大致的邏輯體系和方法模式。(2)由於維特根斯坦關於語言的哲學分析的巨大貢獻，使情緒主義倫理學理論的邏輯論證和命題表述、以及對道德語言、語詞的分析更加深化，提出了一些創造

---

[43]　W. D. Hudson: *Modern Moral Philosophy*, Doubleday & Company, Inc., Garden City, New York, p. 132.

性觀點。(3)從羅素到艾耶爾，這種理論在分析方法和內容上也越來越成熟，特別是艾耶爾對語言的情緒表達功能和態度表達功能，以及對倫理學體系構成的具體內容等方面的細緻分析，使情緒主義的基本觀點、原則、方法等都接近於系統化和理論化的程度。

　　但是，從總體上看，由於大多數早期情緒主義者的主要興趣都不在倫理學研究上，他們大多缺少對倫理學的專門素養與研究，因而使情緒主義倫理學理論仍一直處於一種不完善的發展狀態。這一狀況不僅帶來了倫理學本身系統化研究的欠缺，而且情緒主義倫理學理論長期面臨著許多困難與問題，如道德判斷與語言的關係問題；語言與道德語言的不同功能問題；倫理語詞和倫理語句本身的表達功能及其關係問題；知識與價值的科學性質和相互關係問題；關於道德的邏輯分析方式、規則問題；情緒主義倫理學的體系與結構問題；等等。在史蒂文森之前，這些問題都還未解決。

　　總之，直到艾耶爾為止，情緒主義倫理學理論還只建構了一個大致的框架，缺乏細緻而系統的理論論證，它所呈現出來的，還只是一幅粗陋、零散、簡單的草圖；特別是它的許多結論——這些結論往往具有某種反傳統意義，具有某種挑戰意味，如「倫理概念、判斷是無所謂真假的」，「倫理概念、判斷是沒有意義的」，「拒斥規範倫理學」，等等——由於缺乏嚴密、充分的論證，也由於缺乏明確、適當、細緻的解釋，大都顯得過於匆忙、草率，顯得過於尖刻、偏激；因此，情緒主義倫理學亟待進一步論證、充實、完善。

　　關於情緒主義倫理學的系統、精緻、細緻的討論，是由史蒂文森來完成的。1937～1938年，史蒂文森在《心靈》(Mind)雜誌上，發表了三篇重要論文：〈倫理術語的情緒意義〉、〈倫理判斷和可避免性〉、〈勸導性定義〉，為情緒主義倫理學奠定了一個良好的基礎；

1944年，史蒂文森完成並出版了一部專門情緒主義倫理學著作——《倫理學與語言》，系統地對情緒主義倫理學進行了論證。該書對於情緒主義倫理學的形成與發展具有重要的意義，它被認為是迄今為止最詳盡、最精確的情緒主義倫理學理論的代表作，是繼摩爾的《倫理學原理》之後，後設倫理學領域中最富於創造性的著作。

作為現代西方情緒主義倫理學的總結者，在上述著作以及後來所發表的一些論文中，史蒂文森對情緒主義倫理學進行了比較深入、系統的研究與分析，修正了極端情緒主義者的一些過分草率、簡單的結論，提出了許多具有重要意義的新見解，進行了相當細緻、精密、有說服力的論證，同時也為情緒主義學說作了相對成功的辯護。無論是在理論形式上，還是在思想內容上，還是在研究方法上，史蒂文森的情緒主義倫理學都顯然大大超過了以往的同類理論，給我們展示出許多新的研究領域。

具體地說，為使情緒主義倫理學的觀點言之成理，論證充分有力，並使之理論化、系統化，史蒂文森作了如下幾項工作。

首先，依據對後設倫理學和規範倫理學的關係的理解，史蒂文森確立了情緒主義倫理學的目的、任務和方向。他明確指出，後設倫理學與規範倫理學的研究對象和目的是不一樣的。作為後設倫理學的情緒主義倫理學是對道德問題的第二級的、間接的研究，即不是直接給出什麼行為正當、什麼行為不正當的結論，而是通過澄清倫理學語言（概念、判斷、命題），如「善」、「應該」、「公正」等的意義，通過表明論證道德判斷的一般方法，來澄清思想上的混亂，使人們在解決其問題時具有清晰的頭腦，減少在調查研究中的習慣性浪費。

其次，史蒂文森提出並強化了信念和態度、信念上的分歧和態

度上的分歧等新的理論概念和範疇，特別是他的「兩種分歧」的理論和對倫理分歧與倫理一致的分析，為闡明科學（真）與道德（善）、信念與態度之間的關係提供了一個新的角度，在很大程度上解決了原有理論在科學與道德、信念與態度之間的關係問題上所面臨的尖銳矛盾，至少使之達到了某種形式上的融合。換言之，在史蒂文森看來，科學與道德、認知與評價、信念與態度、理性與情緒不再是截然分立，而是相互聯繫、相互滲透和相互影響的。這與極端情緒主義者割裂科學與道德、認知與評價、信念與態度、理性與情緒的關係，堅持它們之間的絕對二分的做法具有明顯的區別，其結論是以前的邏輯實證主義者們所沒有達到的，相對來說也更符合實際。

再次，史蒂文森系統地分析了道德語言的情緒意義的涵義，比較好地處理了道德語言的情緒意義和描述意義的關係。這被公認為是史蒂文森最有影響、最有特色的貢獻。

史蒂文森認為，關於「善」等倫理學範疇所產生的混亂，正是由於我們沒有充分重視、區別使用語言的兩種根本不同的目的所造成的。他區分了語言在日常使用中的兩種不同目的：一種是「描述的」用法，即使用語言是為了記錄、澄清或交流信息，說明個人觀點或傳達某種信仰——語言的這種用法體現了科學的特性。另一種是「動態的」用法，目的在於發洩感情（如在感嘆句中），產生情緒（如在詩中），或促使人們行動或具有某種態度（如在煽動性演講中），倫理語言的使用就屬於這種用法。根據使用語言的兩種不同的目的，一個倫理（或價值）術語或判斷具有兩種不同的意義，即影響感情和態度的傾向的情緒意義，和影響認知的傾向的描述意義。史蒂文森還根據情緒意義與描述意義的相互影響的關係，具體地把情緒意義劃分為三個方面：「獨立的」情緒意義、「依賴的」情

緒意義、「半依賴的」或「半獨立的」情緒意義。

史蒂文森認為，無論是在理論上還是在實際應用中，情緒意義和描述意義之間都存在著極其密切的聯繫。儘管實踐中出於不同目的，常常對其中某一方面予以優先考慮，或分別的認識；但它是一個總情境中的兩個不同方面，而不是可以加以孤立研究的兩個「部分」。當然，從情緒主義倫理學的立場出發，在倫理語言的兩種意義中，史蒂文森強調情緒意義是倫理語言的主要意義。

第四，史蒂文森提出，道德語言的功能不是陳述事實，而是施加影響。道德判斷不僅具有表達判斷者情緒的功能，而且具有引起、改變接受判斷者的情緒、態度的功能。注重這方面的研究，是史蒂文森與其他情緒主義者的又一個不同之處。羅素最早注意到道德陳述的情緒因素，他曾指出，「某某是善的」這一判斷，意思就是「要是大家都想要它，該多好啊！」也就是說，這一判斷不是在作陳述，而是在表達一種願望。但羅素並沒有注意到道德判斷對於聽者的能動作用。艾耶爾在論述道德判斷可以表達情緒時，曾經提到過其影響聽者情緒的作用，但卻未作深入研究。史蒂文森由於深受杜威倫理思想的影響，因而更側重於道德判斷的後一「實踐」功能，即能動地引導某人具有某種態度。此外，史蒂文森還進一步剖析了語言符號、隱喻，及語音、語調、手勢等因素在道德生活中的細微而複雜的功能。這些分析，不僅突破了道德情緒論的原有理論水平，也大大深化了倫理學的語言研究，使現代情緒主義倫理學有了系統的理論程式。此外，道德判斷的功能主要在於影響他人這一觀點，後來得到了例如規定主義者赫爾等人的繼承和發展。赫爾進一步指出，道德語言是一類規定性語言，道德判斷就是一種規定，即指導或告訴某人做某事。

　　第五，為了更清楚地顯示、分析倫理判斷的意義及其功能，通過對典型的倫理分歧的考察與討論，史蒂文森具體地提出並討論了分析道德語言，如典型的倫理判斷：「這是善的」之意義的兩種分析模式。第一種主要側重於道德範疇的情緒方面，第二種則側重於描述方面。在第一種分析模式中，史蒂文森以下面的方式刻劃了主要的倫理範疇的意義：如「這是善的」，意思是說：「我贊成它，你也贊成吧！」第二種分析模式的顯著特徵，在於承認倫理學術語中除情緒意義外，還有豐富多樣的描述意義。史蒂文森認為，兩種分析模式的區別並不是根本的，而只是「外在的」。兩種分析模式各有其功能和特點，它們之間是相互影響的，任何一種都沒有使用意義上的優先特權；人們選擇這一種或那一種分析模式，不過是人們語言興趣的偏重而已。

　　第六，史蒂文森引人注目地提出並分析了勸導性定義。簡單地說，所謂「勸導性定義」，就是賦予一個熟悉的語詞以一種新的概念意義，這種定義在不改變倫理術語的情緒意義的條件下，通過改變其描述意義，從而達到自覺或自覺地改變人們的態度的日的。為了更加透徹地闡明「勸導性定義」的基本內涵，史蒂文森還提出了其他幾種類型的定義。如「勸導性的準定義」、「混合性定義」、中性定義、「再強調」定義等。史蒂文森指出，勸導性定義之使用，僅僅是人們試圖用以影響他人、改變他人態度的許多可能的方法之一。勸導性定義在倫理學中的使用，是倫理學區別於科學的重要標誌，也是規範倫理學沒有客觀、統一標準的根本原因。儘管勸導性定義在倫理學中經常受到忽視，但它的頻繁出現，足以要求我們給予相應的關注。

　　第七，史蒂文森系統地提出並論述了倫理學方法。他認為，倫

理學方法一般有二個層次，第一個層次是倫理學的一般方法，即當人們進行倫理研究時，應該從什麼地方開始，應該遵循什麼基本原則，等等。第二個層次是倫理學研究的具體方法，如科學、理性的方法、以及非理性的方法（如勸導方法）等。此外，他還提出了兩種分析型式和「可避免性」等新理論，企圖解決倫理判斷、選擇與倫理必然的關係問題。

　　史蒂文森的倫理分析方法確確實實把現代情緒主義、甚至是現代後設倫理學的研究方法大大推進了一大步。自摩爾始，現代後設倫理學的基本目標之一就是建立一種新的倫理分析方法。但實際上，從羅素、維特根斯坦到艾耶爾基本上都未能達到這一目標。誠然，史蒂文森也未能脫離邏輯分析的哲學路線，但他耐心地論證了倫理學的具體分析方法，使邏輯分析與語言學分析結合起來，把邏輯實證的哲學方法論在倫理學中具體化、程序化了；特別是，史蒂文森提出了解決倫理分歧的一系列非理性方法，強調了勸導、說服、感染等心理方法在解決問題中的作用。這在後設倫理學中是獨樹一幟的，它開始了從「自然主義方法」、「直覺方法」、「先驗方法」向「心理方法」的回復和轉變，標誌著後設倫理學理論同傳統理論在方法論上融合的開端。史蒂文森開闢的這一方向，得到了後來一些後設倫理學家的繼承和發展。例如，赫爾就從人們的心理中尋找解決倫理分歧的根據，他的「可普遍化行為準則」和「推己及人準則」，顯然都不是邏輯的方法，而是心理的方法。把心理方法看作倫理學領域起決定作用的方法，這是史蒂文森、赫爾等從其非認識主義的基本立場得出的必然結論。當然，很明顯，最終依賴心理方法解決倫理問題，確實如一些批評家所指出的，是有可能使倫理學喪失客觀基礎的。

　　最後，作為「溫和的情緒主義者」，史蒂文森在修正艾耶爾等人的極端情緒主義的觀點的同時，也為之作了許多卓有成效的辯護，力圖使情緒主義倫理學獲得人們的理解、尊重、認同與重視。

　　艾耶爾等極端情緒主義者認為：倫理或價值語言不過是主體情緒、情感或態度等的表達，它們既不能通過經驗事實加以證實，也不能從經驗事實中推導出來，是無所謂真假的、沒有意義的偽概念、偽判斷。這些觀點在學術界產生了極大反響，詰難、批評、駁斥、責難接踵而至。在這些批評中，不乏認真、嚴肅的意見，如有人對情緒主義的理論基礎——邏輯實證主義提出了批評，認為其實證原則不能成立，其意義標準過於狹隘；也有人認為，早期情緒主義對倫理學研究太少，缺乏專門探討，顯得過於粗糙，其結論也過於草率；還有人指出，說道德概念、道德判斷沒有指稱對象，只有情緒意義，沒有描述意義，是不符合實際的；等等。

　　但也有一些批評與責難是一知半解，十分情緒化甚至僅是出於義憤的。如有人針對艾耶爾等人倫理判斷無意義的觀點，譴責這種學說否定倫理道德，無異於鼓勵幹壞事。例如，1936年，馬丁·達西(Martin D. Arcy)教父在《標準》上發表〈當代哲學〉一文批評艾耶爾的《語言、真理與邏輯》，他在文末寫道：

　　　它（指艾耶爾的著作——引者注）以終極智慧為由，斷送了宗教、倫理學、美學，斷送了自我、個人、自由意志、責任和一切有價值的東西。我感謝艾耶爾先生，當整個世界大難臨頭的時候，他向我們顯示了現代哲學家們是如何胡言亂語和賣弄聰明的。❹

---

❹　轉引自 C. L. Stevenson: *Ethics and Language*, Yale University Press,

實際上，這種說法正像L.賓克萊等人所指出的，是十分感情用事的，也是毫無根據的。

史蒂文森指出：造成這種後果的原因，是人們常常誤解了情緒主義者的觀點。

> 對這些觀點所作的批評與其說是理解的，不如說是不耐煩的。人們通常假定情緒分析代表著一種使「倫理學不可信」的努力，而這種過分的說法甚至被像W. D. 羅斯(W. D. Ross, 1877～1971)這樣一些敏銳的批評家所使用。但上面提到的作家（指艾耶爾、羅素、卡爾納普等——引者注）肯定沒有這種險惡的用心，他們顯然已經使所有的超科學的倫理學題材威信掃地，並提示說那些維護這一觀點的哲學家沒有講出任何還可利用的有價值的東西。但是，攻擊某些倫理學家是一回事，不信任倫理學是另一回事。把道德判斷比之為祈使句，並不意味著否認祈使句具有重要的作用；說道德判斷表達感情，並不是說所有的感情都應該被禁止。同樣，說道德判斷「既不真也不假」，也並不是堅持說它們是反覆無常的，可以無視人們的自我和判斷對象的性質和後果。❹

不過，史蒂文森認為，極端情緒主義者之所以被誤解，在一定意義上也是由於他們自己造成的，因為他們自己把自己擺在易於受誤解的地位。艾耶爾等極端情緒主義者運用簡單而粗陋的語言分析，

1944, p. 265.

❹ C. L. Stevenson: *Ethics and Language*, Yale University Press, 1944, p. 266.

草率地把規範倫理學與自然科學割裂開來，這似乎給人一種印象：他們在詆毀倫理學。——實際上，「假問題」、「沒有意義」、「偽概念」、「妄判斷」之類說法，也讓人覺得隱含著敵意。艾耶爾強調，他不認為形而上學與規範倫理學是哲學的一個適當的部分，這使有些人覺得，倫理學沒有存在的理由，倫理學作為一門獨立的學科正在逐漸消失。他們總是急於表明規範問題與科學問題是截然不同的，有時甚至給人們帶來這樣的印象——也許是因為他們的論述過於簡短——即覺得倫理學被他們踢到了一邊。

但由於他們沒有再給予說明和限定，人們就無法把握，是把倫理學從純科學中排斥出去呢，還是要被從一切領域中排斥出去，完全從人類生活中排斥出去？如果僅僅因為道德判斷使某些哲學家失望，就必須使它從所有的人類活動中消失，這將是不可思議的。史蒂文森認為後一種說法是完全錯誤的。日常生活中成千上萬的倫理問題，確實帶來了與純科學中的分歧不同的態度分歧，但並不能因此就把它歸為「假問題」，相反，倒是應該引起我們對這種問題的重視，努力研究這種問題的性質、特徵，並為人們提供消除這種分歧所必須的工具即方法論原則。他認為，如果明確肯定這一點，就可以避免許多敵對的批評。——順便要指出的是，史蒂文森沒有料到的是，儘管他對情緒主義的極端觀點作了許多重要修正，他仍然沒有避免被誤解的命運。1946年，史蒂文森由於堅持其理論觀點，還是被耶魯大學解聘了。

在上述工作的基礎上，一個精緻，系統的情緒主義倫理學的理論大廈構建起來了。如果說，早期情緒主義者的那些趨於簡單化、也不系統的討論，並且比較極端、偏激、草率的結論，一方面引起了大量的誤解、批評與指責，另一方面也並未受到人們的足夠認真

的對待的話，那麼，正如J. O. 厄姆森(J. O. Urmson,1905~)在《倫理學的情緒主義理論》中所說的，情緒主義倫理學的明確、完整的表達是由史蒂文森來完成的；正是由於史蒂文森的工作，情緒主義倫理學才真正作為一門學科受到人們的矚目，才真正作為倫理學的一種形式而產生影響。也正因為如此，史蒂文森被人認為是「情緒主義流派中迄今為止最為出類拔萃的人物」，「是這個理論唯一最重要的代表」。 ❹

或許也正是因為如此，作為情緒主義倫理學之集大成者、最重要代表人物的史蒂文森，最終也成了情緒主義倫理學的終結者。此後，情緒主義倫理學便逐漸被語言分析倫理學所取代了。

---

❹ A. 麥金太爾：《德性之後》，中國社會科學出版社1995年版，第16－17頁。A. MacIntyre: *After Virtue*, University of Notre Darne Press, 1984, p. 12.

史蒂文森生平年表

1908年　　6月27日生於美國俄亥俄州辛辛那提郡。在那裡度過
　　　　　了童年和少年時代。

1926年　　進入美國著名的耶魯大學，成為一名大學生，主修英
　　　　　國文學。這一期間形成了對文學、音樂、美學的強烈
　　　　　興趣，這些興趣伴隨了他一生，成為其生活中的重要
　　　　　組成部分。

1930年　　從耶魯大學畢業，獲得文學學士學位。
　　　　　與埃倫・迪斯特勒(Ellen Distler)結婚。婚後生有3個
　　　　　孩子。
　　　　　同年赴英國劍橋大學深造，由於受到正在劍橋大學任
　　　　　教的摩爾和維特根斯坦的吸引，開始對哲學、倫理學
　　　　　產生了濃厚的興趣，從此成為摩爾和維特根斯坦的學
　　　　　生，轉向後設倫理學、語言哲學、特別是這兩方面相
　　　　　結合的情緒主義倫理學研究。在這期間，史蒂文森選
　　　　　修了維特根斯坦主講的大部分課程，並參加由其主持
　　　　　的課堂討論，與之建立了非同尋常的師生關係。

1933年　　從劍橋大學畢業，獲得劍橋大學的文學學士學位。
　　　　　返回美國，進入哈佛大學哲學系攻讀博士學位。

1935年　　　從哈佛大學畢業，獲得哈佛大學的哲學博士學位，隨
　　　　　　即留校任教。

1937年　　　任哈佛大學講師。
　　　　　　在世界哲學核心刊物《心靈》雜誌第46期上，發表了
　　　　　　處女作：〈倫理術語的情緒意義〉。無論是對於史蒂文
　　　　　　森本人，還是對於情緒主義理論，這都是一篇極其重
　　　　　　要的、並產生了巨大影響的論文。

1938年　　　在《心靈》雜誌上發表了兩篇文章：〈倫理判斷和可
　　　　　　避免性〉和〈勸導性定義〉。這兩篇論文與〈倫理術
　　　　　　語的情緒意義〉一起，奠定了史蒂文森在學術界的地
　　　　　　位，形成了其情緒主義倫理學龐大體系的結構。

1939年　　　離開哈佛，受聘於他的母校——耶魯大學伯克利學
　　　　　　院，作為助理教授從事教學與研究工作。

1942年　　　發表「摩爾反對自然主義倫理學的一些形式的理由」
　　　　　　一文。

1944年　　　完成並出版了一生中最重要的一部倫理學著作：《倫
　　　　　　理學與語言》。該書是一本專門論述情緒主義倫理學
　　　　　　的著作，是繼「摩爾的《倫理學原理》之後，後設倫
　　　　　　理學中最富於創造性的著作」，「是對倫理學的情緒理
　　　　　　論的最徹底的最精確的系統闡述和研究」，對於情緒
　　　　　　主義倫理學的形成與發展具有重要的意義。該書曾在
　　　　　　一段時間裡多次印刷出版，並被譯為意大利文、西班
　　　　　　牙文、日文等，在世界上廣為傳播。

1945年　　　獲得古根海姆研究員職位，榮獲了古根海姆研究員基
　　　　　　金。

1946年　由於堅持其情緒主義倫理學立場和觀點，被耶魯大學解聘。

　　　　應密執安大學哲學系之聘，成為密執安大學哲學系副教授。他一直在那兒勤勤懇懇地工作了31年，直至退休。同時也和密執安大學哲學系的一些同事，諸如W. 弗蘭克納(William Frankena)，建立了友誼。W. 弗蘭克納曾閱讀過他後來的不少論文草稿，給他提出過不少有幫助的建議；後來在《事實與價值》中，他特別表達了對W. 弗蘭克納等人的謝意。

1948年　在《哲學評論》上發表了〈描述意義和情緒意義〉一文。在這篇論文中，對倫理語言的描述意義和情緒意義，以及它們之間的關係，作了更進一步的探討。

1949年　被聘為密執安大學哲學系教授。

　　　　在《哲學分析讀物》上發表〈倫理分歧的性質〉、〈審美中的解釋與評價〉兩篇論文。

1950年　在《哲學評論》上發表〈倫理學的情緒概念及其認知含義〉、〈布蘭特的情緒主義倫理學問題〉兩篇論文。

1957年　在《哲學評論》上發表〈論「詩是什麼」〉一文。

1958年　在《哲學評論》上發表〈關於藝術工作的「分析」〉、〈非表現派藝術中的象徵手法〉和〈表現派藝術中的象徵手法〉。

1962年　發表〈論能用來解釋詩的理由〉。

1963年　將自己以前發表過的幾乎所有重要的倫理學論文彙集成冊，取名為《事實與價值》，交由耶魯大學出版社出版。全書共包括11篇論文，其中10篇以前曾經發表

過，如〈倫理分歧的性質〉，〈倫理語詞的情緒意
義〉，〈勸導性定義〉，〈倫理學的情緒概念及其認知含
義〉，〈倫理判斷和可避免性〉，〈哲學與語言研究的一
些關係〉，等等，收入本書時只作了一些細微的改動。
但最後一篇論文：〈回顧性的評論〉是第一次發表。

1965年　　　當埃倫·迪斯特勒(Ellen Distler)去世以後，史蒂文森
與諾拉·卡羅爾·卡里(Nora Carroll Cary)結了婚。婚
後生有一個兒子。

1966年　　　在《倫理學與社會》上發表〈倫理學謬誤〉一文。

1970年　　　發表〈英語詩的節律〉一文。

1977年　　　在密執安大學哲學系任教31年後退休。為紀念他以及
與他幾乎同時退休的著名倫理學家弗蘭克納、布蘭
特，密執安大學出版了一本論文集《價值與道德》，英
美著名的哲學家、倫理學家如蒯因、羅爾斯、赫爾、
厄姆森、貝爾等都為此書撰文。

同年，受聘於佛蒙特州本寧頓學院，任哲學教授，並
定居於此。

1978年　　　3月19日，於佛蒙特州本寧頓學院學院辦公室去世，
享年69歲。

參考文獻

一、史蒂文森的著作

(一)論著

1. *Ethics and Language*, New Haven, Connecticut, Yale University Press, 1944.
2. *Facts and Values*, New Haven, Connecticut, Yale University Press, 1963.

(二)論文

3. "The Emotive Meaning of Ethical Terms", *Mind* 46 (1937), 14–31.
4. "Ethical Judgements and Avoidability", *Mind* 47 (1938), 45–47.
5. "Persuasive Definitions", *Mind* 47 (1938), 331–350.
6. "Moore's Arguments against Certain Forms of Ethical Naturalism", in The Philosophy of G. E. Moore, P. A. Schilpp (ed), Northwestern University Press, 1942.

7. Review of Nelson, Structure of Normative Ethics, *Journal of Philosophy* 41 (1944), 248–250.

8. Review of Lepley, Verifiablity of Value, *Journal of Philosophy* 41 (1944), 385–388.

9. "Some Relations between Philosophy and the Study of Language", *Analysis* 9 (1947), 1–16.

10. "Meaning: Descriptive and Emotive", *Philosophical Review* 57 (1948), 127–144.

11. "The Nature of Ethical Disagreement", *Readings in Philosophical Analysis*, H. Feigl and W. Sellars (eds.), Appleton Century, 1949, pp. 587–593.

12. "The Emotive Conception of Ethics and its Cognitive Implications", *Philosophical Review* 59 (1950), 291–304.

13. "Brandt's Questions about Emotive Ethics", *Philosophical Review* 59 (1950), 528–534.

14. Review of Nowell-Smith, Ethics, *Mind*, July 1957, 329–362.

15. Comments on a paper by Brandt. *The Language of Value*, edited by Ray Lepley, Columbia University Press, 1957, 317–323.

16. On "What is a Poem?" *Philosophical Review*, July 1957, 329–362.

17. "On the 'Analysis' of a Work of Art", *Philosophical Review*, January 1958, 33–51.

18. "Reflections on John Dewey's Ethics", *Proceedings of Aristotelian Society*, 1961–62, 25–44.

19. "Relativism and Nonrelativism in the Theory of Value", *Proceed-

ings of the American Philosophical Association, 1961–62.

20. Review of Aiken, Reason and Conduct, *Journal of Philosophy*, 1964.

21. "Ethical Fallibility", in *Ethics and Society*, edited by Richard T. DeGeorge, Anchor Books, 1966, 197–217. Delivered previously as Whitehead lecture at Harvard.

22. "Richards on the Theory of Value", in *I. A. Richards: Essays in his Honor*, edited by Brower, Vendler, and the Hollander, Oxford University Press, 1973, 119–134.

23. Introduction to Vol.V of the Middle works of John Dewey, Southern Illinois University Press, 1978.

二、研究史蒂文森的相關著作

(一)論著

24. Ogden, C. K. and Richards, I. A., *The Meaning of Meaning*, 2nd ed. London, Kegan Paul, Trench Trubner, 1923.

25. Doeser, M. C. and Kraay. J. N., *Facts and Values*: Philosophical Reflections from Western and Nonwestern Perspectives, 1986.

26. Toulmin, S. E., *An Examination of the Place of Reason in Ethics*, 1950.

27. Goldman, A. I. and Kim. J., *Values and Morals*: Essays in Honor of William Frankena, Charles Stevenson and Richard Brandt, Dordrecht, Reidel, 1978.

28. Hare, R. M., *The Language of Moral*, Oxford Clarendon Press, 1952.

29. Hare, R. M., *Moral Thinking*: Its Levels, Method and Point, Oxford university press, 1981.

30. Hare, R. M., *Freedom and Reason*, Oxford university press, 1963.

31. Perry, R. B., General Theory of Value, New York, Longmans, Green, 1926.

32. Hudson, W. D., *Modern Moral Philosophy*, Garden City, N.Y. Doubleday, 1970.

33. Hudson, W. D., *A Century of Moral Philosophy*, St. Martin's Press, New York, 1980.

34. Warnock, G. J., *Contemporary Moral Philosophy*, London: Macmillan, 1969.

35. Urmson, J. O., *The Emotive Theory of Ethics*, Oxford: Oxford University Press, 1969.

36. Macintyre, A., *After Virtue Notre Dame*, Ind.: University of Notre Dame Press, 1981.A. 麥金太爾：《德性之後》，龔群、戴揚毅等譯，中國社會科學出版社1995年版。

37. Gerald Runkle, *Ethics: An Examination of Contemporary Moral Problems*, CBS College Publishing, 1982.

38. 休謨：《人性論》（上下冊），鄭文運譯，商務印書館1980年版。

39. 斯賓諾莎：《倫理學》，商務印書館1981年版。

40. G. E. 摩爾：《倫理學原理》，商務印書館1983年版。

41. 維特根斯坦：《邏輯哲學論》，郭英譯，商務印書館1985年版。

42. 艾耶爾：《語言、真理與邏輯》，上海譯文出版社1981年版。

43.文德爾班：《哲學史教程》（上下卷），羅達仁譯，商務印書館1987、1993年版。

44.杜威：《人的問題》，傅統先、邱椿譯，上海人民出版社1965年版。

45.M. W. 瓦托夫斯基：《科學思想的概念基礎——科學哲學導論》，范岱年譯，求實出版社1982年版。

46.N. 懷特：《分析的時代》，杜任之主譯，商務印書館1981年版。

47.瑪麗・沃諾克：《1900年以來的倫理學》，陸曉禾譯，商務印書館1987年版。

48.湯姆・L・彼徹姆：《哲學的倫理學》，雷克勤等譯，中國社會科學出版社1990年版。

49.L. J. 賓克萊：《理想的衝突——西方社會變化著的價值觀念》，馬元德等譯，商務印書館1983年版。

50.L. J. 賓克萊：《二十世紀倫理學》，孫彤、孫南樺譯，河北人民出版社1988年版。

51.亨利・西季威克：《倫理學方法》，廖申白譯，中國社會科學出版社1993年版。

52.威廉・K・弗蘭克納：《倫理學》，關鍵譯，三聯書店1987年版。

53.施太格繆勒：《當代哲學主流》（上下卷），王炳文等譯，商務印書館1986、1992年版。

54.保羅・利科主編：《哲學主要趨向》，李幼蒸、徐奕春譯，商務印書館1988年版。

55.洪謙主編：《西方現代資產階級哲學論著選輯》，商務印書館1982年版。

56.周輔成編：《西方倫理學名著選讀》（上下卷），商務印書館1954、1987年版。

57.周輔成主編:《西方著名倫理學家評傳》, 上海人民出版社1987年版。

58.石毓彬、程立顯、余湧編: 《當代西方著名哲學家評傳・道德哲學》, 山東人民出版社1996年版。

59.萬俊人:《現代西方倫理學史》(上下卷), 北京大學出版社1990、1992年版。

60.江暢:《現代西方價值理論研究》, 陝西師範大學出版社1992年版。

(二)論文

61. Max Black,"Some Questions about Emotive Meaning", *Philosophical Review* 57 (1948): 111–126.

62. I. A. Richards,"Emotive Meaning Again", *Philosophical Review* 57 (1948): 145–157.

63. Brandt, Richard B., "The Emotive Theory of Ethics", *Philosophical Review* 59 (1950): 305–318.

64. Brandt, Richard B., "Stevenson's Defense of the Emotive Theory", *Philosophical Review* 59 (1950): 535–540.

65. Macintyre, A. C., Hume On"is" and "Ought", *Philosophical Review* 68, 1959.

66. Black, M., The Gap Between"Is"and"Ought", *Philosophical Review* 73, 1964.

英中名詞對照

emotivism　情緒主義

emotive meaning　情緒意義

ethical disagreement　倫理分歧

ethical judgement　倫理判斷

ethical terms　倫理術語

ethics　倫理學

ethics and language　倫理學與語言

facts and values　事實與價值

feeling　感情

good　善（好）

goodness　善

good as ends　目的善

good as means　手段善

interest　興趣

intuitionism　直覺主義

logical method　邏輯方法

logical positivism　邏輯實證主義

meaning　意義

metaethics　後設倫理學

moral　道德的

moral conceptions　道德概念

moral judgement　道德判斷

moral language　道德語言

naturalism　自然主義

naturalistic fallacy　自然主義謬誤

non-cognitivism　非認知主義

non-determinism　非決定論

non-naturalism　非自然主義

non-rational method　非理性方法

non-relativism　非相對主義

normative ethics　規範倫理學

ought　應該

persuasive definitions　勸導性定義

persuasive method　勸導法

persuasive quasidifinition　勸導性的準定義

philosophy　哲學

philosophy of language　語言哲學

pragmatism　實用主義

philosophy of ordinary language　日常語言哲學

prescriptivism　規定主義

principle of verifiability　可證實性原則

psychological method　心理方法

rational method　理性方法

relativism　相對主義

right　正當

sign　符號

substitude proofs　替代證明

supporting reasons　支持性理由

the theory of attitude　態度理論

the theory of interest　興趣理論

utilitarianism　功利主義

valid　有效的

validity　有效性

working models　分析模式（工作模型）

索　引

四　劃

五　劃

六　劃

七　劃

八　劃

九　劃

十四劃

十五劃

十六劃

十七劃

十九劃

世界哲學家叢書（一）

書　　　　　名	作　　　者	出　版　狀　況
孔　　　　　子	韋　政　通	已　　出　　版
孟　　　　　子	黃　俊　傑	已　　出　　版
老　　　　　子	劉　笑　敢	已　　出　　版
莊　　　　　子	吳　光　明	已　　出　　版
墨　　　　　子	王　讚　源	已　　出　　版
淮　　南　　子	李　　　增	已　　出　　版
董　　仲　　舒	韋　政　通	已　　出　　版
揚　　　　　雄	陳　福　濱	已　　出　　版
王　　　　　充	林　麗　雪	已　　出　　版
王　　　　　弼	林　麗　真	已　　出　　版
阮　　　　　籍	辛　　　旗	已　　出　　版
劉　　　　　勰	劉　綱　紀	已　　出　　版
周　　敦　　頤	陳　郁　夫	已　　出　　版
張　　　　　載	黃　秀　璣	已　　出　　版
李　　　　　覯	謝　善　元	已　　出　　版
楊　　　　　簡	鄭曉江、李承貴	已　　出　　版
王　　安　　石	王　明　蓀	已　　出　　版
程顥、程頤	李　日　章	已　　出　　版
胡　　　　　宏	王　立　新	已　　出　　版
朱　　　　　熹	陳　榮　捷	已　　出　　版
陸　　象　　山	曾　春　海	已　　出　　版
王　　廷　　相	葛　榮　晉	已　　出　　版
王　　陽　　明	秦　家　懿	已　　出　　版
方　　以　　智	劉　君　燦	已　　出　　版
朱　　舜　　水	李　甦　平	已　　出　　版

世界哲學家叢書 (二)

書　　　　　名	作　　者	出　版　狀　況
戴　　　　　震	張　立　文	已　　出　　版
竺　　道　　生	陳　沛　然	已　　出　　版
慧　　　　　遠	區　結　成	已　　出　　版
僧　　　　　肇	李　潤　生	已　　出　　版
吉　　　　　藏	楊　惠　南	已　　出　　版
法　　　　　藏	方　立　天	已　　出　　版
惠　　　　　能	楊　惠　南	已　　出　　版
宗　　　　　密	冉　雲　華	已　　出　　版
湛　　　　　然	賴　永　海	已　　出　　版
知　　　　　禮	釋　慧　岳	已　　出　　版
嚴　　　　　復	王　中　江	已　　出　　版
康　　有　　為	汪　榮　祖	排　　印　　中
章　　太　　炎	姜　義　華	已　　出　　版
熊　　十　　力	景　海　峰	已　　出　　版
梁　　漱　　溟	王　宗　昱	已　　出　　版
殷　　海　　光	章　　　清	已　　出　　版
金　　岳　　霖	胡　　　軍	已　　出　　版
張　　東　　蓀	張　耀　南	排　　印　　中
馮　　友　　蘭	殷　　　鼎	已　　出　　版
湯　　用　　彤	孫　尚　揚	已　　出　　版
賀　　　　　麟	張　學　智	已　　出　　版
商　　羯　　羅	江　亦　麗	已　　出　　版
辨　　　　　喜	馬　小　鶴	已　　出　　版
泰　　戈　　爾	宮　　　靜	已　　出　　版
奧羅賓多・高士	朱　明　忠	已　　出　　版

世界哲學家叢書（三）

書　　　　　　名	作　　者	出　版　狀　況
甘　　　　　　地	馬　小　鶴	已　　出　　版
拉　達　克　里　希　南	宮　　靜	已　　出　　版
李　　栗　　谷	宋　錫　球	已　　出　　版
道　　　　　　元	傅　偉　勳	已　　出　　版
山　鹿　素　行	劉　梅　琴	已　　出　　版
山　崎　闇　齋	岡　田　武　彥	已　　出　　版
三　宅　尚　齋	海老田輝巳	已　　出　　版
貝　原　益　軒	岡　田　武　彥	已　　出　　版
石　田　梅　岩	李　甦　平	已　　出　　版
楠　本　端　山	岡　田　武　彥	已　　出　　版
吉　田　松　陰	山　口　宗　之	已　　出　　版
柏　　拉　　圖	傅　佩　榮	排　　印　　中
亞　里　斯　多　德	曾　仰　如	已　　出　　版
伊　壁　鳩　魯	楊　　適	已　　出　　版
柏　　羅　　丁	趙　敦　華	排　　印　　中
伊　本　‧　赫　勒　敦	馬　小　鶴	已　　出　　版
尼　古　拉　‧　庫　薩	李　秋　零	已　　出　　版
笛　　卡　　兒	孫　振　青	已　　出　　版
斯　賓　諾　莎	洪　漢　鼎	已　　出　　版
萊　布　尼　茨	陳　修　齋	已　　出　　版
托　馬　斯　‧　霍　布　斯	余　麗　嫦	已　　出　　版
洛　　　　　　克	謝　啓　武	已　　出　　版
巴　　克　　萊	蔡　信　安	已　　出　　版
休　　　　　　謨	李　瑞　全	已　　出　　版
托　馬　斯　‧　銳　德	倪　培　民	已　　出　　版

世界哲學家叢書（四）

書　　　　　名	作　　者	出　版　狀　況
伏　　爾　　泰	李　鳳　鳴	已　　出　　版
孟　德　斯　鳩	侯　鴻　勳	已　　出　　版
費　　希　　特	洪　漢　鼎	已　　出　　版
謝　　　　　林	鄧　安　慶	已　　出　　版
叔　　本　　華	鄧　安　慶	已　　出　　版
祁　　克　　果	陳　俊　輝	已　　出　　版
彭　　加　　勒	李　醒　民	已　　出　　版
馬　　　　　赫	李　醒　民	已　　出　　版
迪　　　　　昂	李　醒　民	已　　出　　版
恩　　格　　斯	李　步　樓	已　　出　　版
馬　　克　　思	洪　鎌　德	已　　出　　版
約　翰　彌　爾	張　明　貴	已　　出　　版
狄　　爾　　泰	張　旺　山	已　　出　　版
弗　洛　伊　德	陳　小　文	已　　出　　版
史　　賓　　格　　勒	商　戈　令	已　　出　　版
雅　　斯　　培	黃　　藿	已　　出　　版
胡　　塞　　爾	蔡　美　麗	已　　出　　版
馬克斯・謝勒	江　日　新	已　　出　　版
海　　德　　格	項　退　結	已　　出　　版
高　　達　　美	嚴　　平	已　　出　　版
哈　伯　馬　斯	李　英　明	已　　出　　版
榮　　　　　格	劉　耀　中	已　　出　　版
皮　　亞　　傑	杜　麗　燕	已　　出　　版
索　洛　維　約　夫	徐　鳳　林	已　　出　　版
費　奧　多　洛　夫	徐　鳳　林	已　　出　　版

世界哲學家叢書（五）

書　　　　　名	作　　者	出　版　狀　況
馬　　賽　　爾	陸　達　誠	已　　出　　版
布　拉　德　雷	張　家　龍	已　　出　　版
懷　　特　　海	陳　奎　德	已　　出　　版
愛　因　斯　坦	李　醒　民	已　　出　　版
玻　　　　　爾	戈　　革	已　　出　　版
弗　　雷　　格	王　　路	已　　出　　版
石　　里　　克	韓　林　合	已　　出　　版
維　根　斯　坦	范　光　棣	已　　出　　版
艾　　耶　　爾	張　家　龍	已　　出　　版
奧　　斯　　丁	劉　福　增	已　　出　　版
馮　·　賴　特	陳　　波	已　　出　　版
魯　　　　　士	黃　秀　璣	已　　出　　版
詹　　姆　　士	朱　建　民	排　　印　　中
蒯　　　　　因	陳　　波	已　　出　　版
庫　　　　　恩	吳　以　義	已　　出　　版
史　蒂　文　森	孫　偉　平	已　　出　　版
洛　　爾　　斯	石　元　康	已　　出　　版
喬　姆　斯　基	韓　林　合	已　　出　　版
馬　克　弗　森	許　國　賢	已　　出　　版
尼　　布　　爾	卓　新　平	已　　出　　版